岩波文庫

34-124-8

賃銀・価格および利潤

カール・マルクス著
長谷部文雄訳

岩波書店

Karl Marx

VALUE, PRICE AND PROFIT

1897

目次

付　録

訳者例言

この訳書は、英語版――Value, Price and Profit (National Labour Press版、マンチェスター、および、National Executive Committee, Socialist Labor Party版、一九一九年、ニューヨーク)――を底本とし、ドイツ語版――Lohn, Preis und Profit (Elementarbücher des Kommunismus版、一九二三年、および、Marx-Engels-Lenin-Institut版、一九三四年)――ならびに河上博士訳『労賃・価格および利潤』を参照しつつ訳出された。英語版にはいずれも一、二の明白な誤植があったが、指摘しなかった。ドイツ語のエレメンタルビューヘル版はベルタ・ブラウンタールの訳であり、インスティテュート版はこれを部分的に改訳したものである。E・R・ベルンシュタインの訳になる最初のドイツ語版を私は参照する便宜をもたなかった。この訳書の題名をドイツ語版に従ったのは、それが本書の内容をより適切に表わすように思われたからである。私はむしろ『賃銀論』と名づけても差し支えないように思う。

河上博士の訳文は秀れた名訳であり、私がこれに負うところの多いのはもちろん、拙訳ではかえって改悪された箇所があるのではないかとおそれる次第である。ただここに、インスティテュート版の序文と有益な付録とを加えて、久しく絶版となっていたこの名著にたいする社会的要求に応じうることは多大の意義あることと思う。

本書の内容をなす講演は、マルクスの主著『資本論』第一巻の公刊に先立つことわずか二年前に行われたものであり、経済学上の根本的諸問題を最も平易に解説したものとして、『資本論』への最善の入門書であることはいうまでもない。なるほど、この書の程度の理論は、今日では、マルクス主義に関心をもつ人々の常識になっているといえるかもしれない。仮りにそうだとしても、この書はなお、マルクスの方法の理解のために必読の書だと思われる。この書では、賃銀または賃銀制度という「表象的な具体物から、ますます稀薄な抽象物に、最も簡単な諸規定に」すなわち価値・価格に到達し(第一―五節、いわゆる下向過程)、そして「そこから今や逆の旅が始められ、ついに再び」賃銀制度に、しかし今度は「混沌たる表象としての」賃銀制度にではなく、「多数の諸規定および諸関連の豊富な一全体としての」(『経済学批判』の序説第三節参照)、すなわち媒介的具体物としての賃銀制度に、到達している(第六―十四節、いわゆる上向過程)。この意味において、本書の第六節以下が『資本論』の要約であると同時に、第一―六節は『資本論』への前置きであるといえよう。

なお、この講演にたいするマルクス自身の評価、および、これがすぐ出版されなかった理由と想像される事情については、本書の十七頁に訳載されたマルクスおよびエンゲルスの手紙を参照されたい。

訳文についての二、三の注意。

一、本文は英語版によったことはもちろんであるが、行の改め方、傍点(イタリック)の仕方などは、インスティテュート版に従った箇所がある。

二、各節の見出書きは英語版に従った。もっとも、いずれのドイツ語版も、ほとんど英語版と同じである。

三、本書では、正確には「労働力」というべきものが「労働」となっている所がかなり多い。しかしそれは、マルクスが意識的にそうしているのだという理由ですべてそのままにしてある。

四、本文中に小活字で角形のカッコに収めたのは、すべて訳注である。

一九三五年二月二十七日

訳　者

改訳版のために

これまでの版は十五刷を重ねて紙型が傷んだから組直したいという申出を受けた機会に、仮名づかいを改め、若干の誤植や不適訳を正したほか、従来の訳文をいくらか平易にすることができたと思う。訳語については、たとえば価値の決定および測定という言葉は、規定および度量という方が厳密ではあるが、この書が通俗的入門書であることを考えてそのままにした。またインスティテュートのドイツ語版への序言は、日付は古いが、われわれ日本人にとりまだ大きな現代的意義をもっているので、そのまま残しておいた。

この書は岩波文庫版では、最初、昭和二年に河上博士の訳文が『労賃・価格および利潤』として収められた。これは昭和五年か六年に絶版となり、昭和十年に新たに私の訳文が収められたのである。ところがこれは、昭和十三年に、他のいっさいのマルクス主義文献と同時に発禁となった。その紙型は没収されるか戦災で焼失するかしたので、昭和二十年、戦後怱々《そうそう》の間にふたたび版をおこしたのであるが、私の多忙のため訳文に手を入れることはもちろん、校正刷をみることもできなかったうえ、人的にも物的にも窮迫していた当時の事情もあって、残念ながらよい出来ではなかった。この点からも、こんどの改版を私は喜ばしいことと思うのである。

訳者例言でもふれておいたように、私は『資本論』の入門書としてこれより秀れたものを知らない。すでに『資本論』の原稿を一おう全部書きおえていたマルクスが、自分の学説を「無学者たち」のために解説したのであるから当然のことである。しかし、私がこの書を『資本論』の入門書として特に秀れていると考える理由は、もう一つある。周知のように『資本論』は、第一章「商品」から始まり、そこではいわゆる価値論が展開されている。そして多くの読者は、そのむつかしさにたじろいで投出してしまうのである。ところがこの書ではどうか。第六節「価値と労働」で始めて『資本論』第一章の価値理論が取扱われており、それ以前の諸節では、第一巻よりもむしろ第三巻で取扱われている多くの事柄が論ぜられている。このことは、価値論を把握してわがものとするためには、第三巻の理解が前提されていること、第一巻第一章だけをいくら繰返して読んでも価値論の十分な理解はできないことを、マルクス自身が教えているものと思う。私がこの書を『資本論』の最良の入門書とみる理由の一つはこの点にある。この書から『資本論』に進もうとされる読者諸君はこの点を念頭においていただきたく、また『資本論』を第一章だけで投出された諸君はこの書から再出発していただきたい、と思うのである。

こんどの改訳にさいしては、『マルクス＝エンゲルス二巻選集』ディーツ版（一九五三年）を参照した。

一九五三年七月

長谷部文雄

ドイツ語版への序言(M・E・L研究所)

この労作『賃銀・価格および利潤』は、カール・マルクスが、一八六五年六月二十日および二十七日に、ロンドンにおける第一労働者インターナショナルの中央委員会でおこなった講演である。イギリスの労働組合員で第一インターナショナルの成員だったウェストンは、さきに、つぎのような問題を討議に付することを中央委員会に提案していた、――

「(一)、労働者階級の社会的および物質的な見込は、一般に、賃銀の値上げによって改善されうるか?

(二)、賃銀を値上げさせようとする労働組合の努力は、他の産業部門にたいし有害な作用をしないか?*」

* 一八六五年四月四日の中央委員会会議の議事録による。

ウェストンの主張は、――

「(一)、一般的な賃銀値上げは労働者たちにとり何の役にも立たぬであろうということ、

(二)、それらの故に、労働組合は有害な作用をするということ」*であった。

* 一八六五年五月二十日付のフリードリヒ・エンゲルス宛のカール・マルクスの手紙。

マルクスが彼の講演『賃銀・価格および利潤』――最初の版の英語の表題は『価値・価格および利潤』となっていた――でウェストンに与えた弁駁《べんばく》は、非常に確かな効果があったので、中央委員会はこれをパンフレットとして出版しようとした。だが、それは公刊されなかった。この講演は、マルクスおよびエンゲルスの死後はじめて、一八九七年に英語で、おくれて一八九八年にドイツ訳で、出版された。

マルクスの講演いらいすぎ去った六十八年間に、この講演の現実性は、減少するどころか増加した。資本家の有給書記たちの古い店《たな》ざらし文句、すなわち、労働者は賃銀値上げのために闘争すべきではない、けだし、賃銀値上げを相殺する物価値上げを強制的に生ぜしめるからとか、一国民の賃銀基金は不変不動の大いさであるとか、ある労働者層があまりに多く賃銀を得ればそれだけ他の労働者層の賃銀分前が減少するとか、労働

組合は政治問題――資本主義制度にたいする闘争――に関心をもってはいけないというような文句、これらの底意ある嘘は、今日、社会民主主義的およびブルジョア的な経済学者やジャーナリストたちの共有物である。マルクスのこの労作は、これらの主張の反動的な背理を粉砕するものである。

イギリスの労働組合員ウェストンと一幅対だったのはドイツの労働者指導者ラサールである。「賃銀鉄則」と労働組合の存在権の否認とは、ラサールの反動的理論における二つの決定的成分であった。すでに大戦以前にだんだんとマルクス主義をラサール主義によって置き換えていたドイツの社会民主党は、この過程を完了した。自由な労働組合を城内安寧・労働者繋縛・ストライキ闘争阻止・の組織に転化させようとする多年間の努力の最後的仕上げを、社会民主党はいまや、その指導する労働組合運動の自発的解消、ヒットラーへの労働組合組織の引渡しによって行ったのである。

この時にこそ、ドイツの労働者階級が経済闘争の本質を、経済闘争の政治闘争への移行の本質を、労働組合の現実の課題を、認識することが決定的に重要である。パンフレット『賃銀・価格および利潤』は、巧妙にウェストンの諸見解の論駁をマルクスの経済学説の大綱の解説と結びつけることによって、これらの問題を説明している。この書は、経済学上の複雑な諸問題の平易・明白な解説の模範であり、理論の科学的性格をプロレタリア的な革命的内実と融合統一した叙述の模範である。この書は、マルクス主義の主著『資本論』への最善の手引き書である。

このパンフレットのドイツ訳は、――付録の労働組合にかんする決議のドイツ訳もそうだが、――英語の原文に従って行われ、それにもとづいて一連の誤りがわれわれによって修正された。最初の六節の見出書きは英語版の編集者アヴェリングがつけたものであり、その他の節の見出書きはカール・マルクスがつけたものである。この版は、カール・マルクスの『選集』における本文と一致している。

このパンフレットを仕上げたのはホルスト・フレーリヒである。

賃銀・価格および利潤*

* 一八六五年五月二日および二十日の中央委員会の会議で、ウェストンが彼の思いつきを特別講演で説明し、その講演が討議された。マルクスは五月二十日付の手紙でエンゲルスに書いている、――「今晩は「インターナショナル」の臨時会議だ。善良な老シュルーフたる古いオーウェン主義者ウェストン（大工）は、さきに、彼がひきつづき『ビーハイヴ』〔『ビーハイヴ』（蜜蜂の巣）は、一時、第一インターナショナルの公認機関紙であって、討議に付せられた諸問題にかんする公文書を連続的に発表した。――編集者〕で弁護しているつぎのような二つの命題を立てた、――

（一）、a general rate in the rise of the rate of wages〔一般的な賃銀値上げ〕は労働者たちにとり何の役にも立たぬであろうということ、（二）、それらの故に、労働組合は有害な作用をするということ。

もしこの二つの命題――これを信じているのはわれわれの仲間では彼だけだ――が是認されるならば、われわれは、当地の労働組合にかんしても、大陸で蔓延しているストライキ病にかんしても、漫画ものであろう。――人々はもちろん、私が反駁することを期待している。だから私は、ほんらい今晩の私の抗弁を仕上げておくべきであったのだが、しかし私の著書『資本論』を書きつづけることをより重要と考えたので、私は即席の考えでやっつける他はない。もちろん私は、つぎの二つの要点のことをもとより承知だ、――(一)、労賃は諸商品の価値を決定するということ、(二)、もし資本家たちが今日四シリングの代りに五シリング支払うならば、彼等は明日はその諸商品を四シリングでの代りに五シリングで売るであろう(需要の増加によってそれは可能となる)ということ。

ところでこれは、ひどく月並で、現象の極めて外部的な皮相に拘泥したものに他ならないとはいえ、ここで張りあう一切の経済的問題を無学ものたちに説明することは、容易なことではない。君だって経済学の課程を一時間に圧縮することはできはしない。だが、われわれは最善をつくそう。」(マルクス・エンゲルス全集。第三部第三巻、一八六一年より一八六七年に至るマルクス・エンゲルス往復書簡集、ベルリン、一九三二年、二七二頁。)

マルクスは討議に出席しただけではなかった。彼は、中央委員会の会議でもした一つの講演をおこなった。マルクス自身もエンゲルスも、この講演を公刊しなかった。それはやっと、エンゲルスの死後、マルクスの娘エリーナーによって公けにされた。――編集者。(以上インスティテュート版注。)

なおマルクスは、六月二十四日付の手紙でエンゲルスに書いている、――

「つぎの点について君の助言を聞きたい。

私は中央委員会で、賃銀の一般的値上げなどがいかに作用するかという、ウェストン君によって提出された問題にかんする論文を朗読した。そのうちの第一の部分は、ウェストンのナンセンスにたいする解答であり、第二の部分は、時宜に適するかぎりでの理論的説明である。ところで人々はこれを印刷させたがっている。一方では、それは私にとりおそらく有益なことであろう、というわけは、彼等はJ・S・ミル、ビーズリ教授、ハリスン、などと連絡があるからである。他方では、私は躊躇《ちゅうちょ》している、というのは、(一)、「ウェストン君」は論敵としては余りぱっとしないからであり、(二)、右のしろ物は、二つの部分をなす非常に簡潔な、しかし比較的に平易な形式で、私の著書(『資本論』)から先取りされた多くの新しいものを含んでおり、他方では、それは同時にまた、必然的にあらゆるものを滑りさらねばならぬからである。そうしたものをこんな仕方で先取りすることが果たして得策だろうか、どうだろう? 君は、私よりも静かに離れたところから事態を観察するのだから、この点を私よりもよく判断することができると思う」と。

これに対するエンゲルスの答(七月十五日付)はつぎのごとくである、――「私は、君がウェストン君と論戦したところで大した名誉になるものとは思わないし、また、イギリスの経済学界への初見参としては、それはきっとまずいだろう。でなければ、君の著書から個々の部分を先取りすることは、私は、たいした損になるものとは考えない、――かりに君の著書が現実にいま出来上るとしたところでだよ、――あれはどうなっているのかね」と。――訳者。

前置き

諸君――

本論にはいる前に、少しばかり前置きをいわせていただきたい。

いまや大陸では、ストライキという真の流行病と、労賃の値上げを要求する一般的な叫びとが蔓延している。この問題はわれわれの大会にもち出されるであろう。国際労働者協会の首脳部である諸君は、この重要問題について確固たる定見をもっているべきである。だから私としては、諸君にひどく退屈な思いをさせる危険をおかしても、この問題に十分に立入ることを私の義務だと考えたのである。

もう一つの前置きを、私はウェストン君についていわねばならぬ。彼は、労働者階級のためだと考えて、労働者階級に最も不人気なことを自ら知っている意見を、諸君に提案したばかりでなく公然と弁護してきた。かかる真勇の発揮は、われわれのすべてが大いに尊敬せねばならぬ。私の論調は修飾なしだけれども、その結論では、彼の論綱――それは、その現在の形では、理論的には誤謬であり実践的には危険だと私は考えざるをえないが――の根柢に横たわる正しい考えだと私に思われるものと私の考えとが一致することを、彼が見出すであろうことを希望する。

これから私は、ただちに当面の問題にとりかかろう。

一　生産と賃銀

ウェストン君の議論は、実は二つの前提にもとづいていた。その第一は、国民生産物の額は固定したものであり、数学者のよくいう不変量だということである。その第二は、現実賃銀の額、すなわち、それで買える商品の分量ではかられた賃銀の額は、固定した額であり、不変量だということである。

さて、彼の第一の主張は明かに誤りである。年々、諸君は、生産物の価値と分量とが増加することを、国民労働の生産諸力が増加することを、また、この増加する生産物を流通させるに必要な貨幣額がたえず変動することを、見出されるであろう。一年の終りに、また相互に比較された種々の年について真なることは、一年の各平均日についても真である。国民生産物の額または大いさは、たえず変動する。それは不変量ではなく可変量であって、人口の変動を度外視してもそうでなくてはならぬ。というわけは、資本の蓄積および労働の生産諸力がたえず変動するからである。一般的賃銀率の高騰《こうとう》が仮りに今日生じても、その高騰は、その窮極の結果がどうあろうとも、それだけでは生産額を直接には変化させないということは、まったく正しい。それは、何よりもまず、現存の事態から生ずるであろう。だがもし、賃銀の騰貴以前に国民的生産が可変であって固定していなかったとすれば、それは賃銀の騰貴以後も、ひきつづき可変であって固定してはいないであろう。

だが、国民生産物の額は可変でなく不変だと仮定しよう。その場合でさえも、わが友ウェストンが論理的帰結だと考えるものは、やはり理由のない主張にとどまるであろう。いまたとえば八という一定の数があるとすれば、この数の絶対的限界は、この数の諸部分がそれらの相対的限界を変ずることを妨げるものではない。利潤は六で賃銀は二だとしても、賃銀は六に増加し利潤は二に減少しうるのであって、そうなっても、総額はやはり八である。だから、生産額が固定しているということは、決して賃銀額が固定しているということを証明しないであろう。では、わが友ウェストンは、どうしてこの固定性を証明するか？　それを主張することによってである。

だが一歩ゆずって彼の主張が正しいとしても、彼はそれを一方にだけ当てはめるが、それは実は両方面に作用するであろう。賃銀額が不変量だとすれば、それは増加も減少もされえない。だから、賃銀の一時的値上げを強要しようとする労働者たちの行動が愚かであるならば、賃銀の一時的値下げを強要しようとする資本家たちの行動も同じく愚かであろう。わが友ウェストンは、一定の事情のもとでは労働者たちが賃銀の値上げを強要しうることを否定はしないが、賃銀の額は自然的に固定しているから反動が生ずるに違いないというのである。他方では彼はまた、資本家たちは賃銀の値下げを強要しうること、また実際たえずそれを強要しようとしていることを、知っている。賃銀不変の原則に従えば、この場合にも、前の場合と同じように反動が生ずるはずである。だから、賃銀値下げの企てまたは行動にたいする労働者たちの反動は正しい行動であろう。だから、彼らが賃銀値上げを強要するのも正しい行動であろう。というわけは、賃銀値下げに反対するあらゆる反動は、賃銀値上げを要求する行動だからである。だから、ウェストン君自身の賃銀不変の原則に従えば、労働者たちは、一定の事情のもとでは、団結して賃銀値上げのために闘争すべきである。

もし彼がこの結論を否定するならば、彼は、この結論を生みだす前提を放棄せねばならぬ。彼は、賃銀額は不変量だというべきではなく、それは騰貴しえずまた騰貴してはならぬが、資本がこれを引下げたければ何時でも下落しうるしまた下落せねばならぬ、というべきである。資本家が諸君を肉のかわりに馬鈴薯で、また小麦のかわりに燕麦で養いたいならば、諸君は、彼の意見を経済上の法則として甘受してそれに従わねばならぬ。ある国では賃銀率が他の国でよりも高いならば、たとえば合衆国ではイギリスでよりも高いならば、諸君は、賃銀率のこの相違を、アメリカの資本家の意志とイギリスの資本家の意志との相違によって説明せねばならぬのであって、この方法は確かに、経済現象の研究ばかりでなく他のすべての現象の研究をも、甚だしく簡単化するに違いない。

だが、その場合でさえもわれわれは質問することができよう、――何故にアメリカの資本家の意志はイギリスの資本家の意志と相違するか？　と。そしてこの問題を解答するためには、諸君は意志の領域のそとに出なければならぬ。牧師は私に、神はフランスでは一つのことを意志し、イギリスでは他のことを意志する、というかもしれない。もし私が彼に、意志のこの分裂の説明を要求するならば、彼は鉄面皮にも、神はフランスでは一つの意志を、イギリスでは他の意志をもとうと意志する、と答えるかもしれない。だが、わが友ウェストンは決して、こんなにいっさいの推論をすっかり否定するような議論をする人ではない。

資本家の意志は、確かに、できるだけ多く取ることである。われわれの仕事は彼の意志を論議することではなくて、彼の力、その力の限界、およびこの限界の性格を研究することである。

二　生産、賃銀、利潤

ウェストン君がわれわれの前で朗読された演説は、おそらく簡単に要約できたであろう。

彼のいっさいの推論はつぎのようなことになる、――労働者階級が資本家階級を強要して、貨幣賃銀の形で四シリングの代りに五シリングを支払わせるならば、資本家は商品の形で〔五シリングの代りに〕四シリングの価値を返すであろう。労働者階級は、賃銀の騰貴以前に四シリングで買ったものに、五シリングを支払わねばならぬであろう。だが何故にそうなるか？　何故に資本家は、五シリングと引換えに四シリングの価値を返すにとどまるか？　けだし、賃銀額は固定しているからだ、と。だが、何故にそれは四シリングの価値の商品に固定しているのか？　何故に、三シリングとか、二シリングとか、その他の額に固定していないのか？　賃銀額の限界が資本家の意志からも労働者の意志からも独立した経済法則によって決定されるとすれば、ウェストン君がなすべき第一のことは、この法則を述べて証明することであった。それからさらに彼は、あらゆる一定の時に事実上支払われる賃銀額が、つねに、必然的な賃銀額と正確に一致し、けっしてそれから背離しない、ということを証明すべきであった。他面、賃銀額にかんする与えられた限界が資本家の単なる意志に、または彼の貪欲の限界にもとづくものとすれば、それは恣意的な限界である。それには何ら必然的なものがない。それは資本家の意志によって変更されうるし、だからまた資本家の意志に逆っても変更されうる。

＊　英語版はいずれも「正確に」(exactly)となっているが、インスティテュート版に従う。——訳者。

ウェストン君は彼の理論を例証するために諸君に語っていった、——ひと鉢にもられた一定量のスープを幾人かで飲む場合に、スプーンの広さを増してもスープの量は増さないだろう、と。彼にはすまぬが、この例は、私にはちょっとスプーニーに〔馬鹿げて〕みえる。それは私に、メネニウス・アグリッパの用いた比喩をふと思いださせた。ローマの平民たちがローマの貴族たちに反抗したとき、貴族のアグリッパは、平民たちに語って、貴族という腹は、政治体〔ローマ〕の平民という手足を養うのだといった。アグリッパは、ある人間の腹をみたせば他の人間の手足が養えるということは証明できなかったのだ。さてウェストン君だが、彼は、労働者たちが食物をとる鉢は国民労働の全生産物でみたされているということ、および、彼らがそれからもっと多くを取りだすことができないのは、鉢が小さいからでもその内容が少ないからでもなくて、ただ彼らのスプーンが小さいからだということを忘れているのである。

どんな工夫によって資本家は、五シリングと引換えに四シリングの価値を返すことができるのか？　彼が売る商品の価格を引上げることによってだ。では、諸商品の価格騰貴および――より一般的にいって――価格変動は、諸商品の価格そのものは、資本家の単なる意志によって定まるのか？　あるいは、反対に、その意志を有効ならしめるには一定の事情が必要であるのか？　その必要がないとすれば、市場価格の騰落・たえざる変動は、解けない謎となる。

労働の生産諸力にも、使用される資本および労働の分量にも、それで諸生産物の価値が評価される貨幣の価値にも、何らの変動もなくて、賃銀率の変動だけが生じたと仮定するばあい、その賃銀の騰貴は如何にして諸商品の価格に影響しうるか？　ただ、これらの商品の需要と供給との事実上の比率に影響することによってのみである。

労働者階級は、全体として考えてみれば、その所得を生活必需品に費やしており、また費やさねばならぬということは全く正しい。だから賃銀率の一般的高騰は必需品の需要の増加を、したがってまたその市場価格の騰貴を生ずるであろう。これらの必需品を生産する資本家たちは、賃銀騰貴の償いを、彼らの商品の市場価格の騰貴によって得るであろう。しかし、必需品を生産しない他の資本家たちはどうであるか？　しかも諸君は、彼らを少数だと考えてはならない。もし諸君が、国民生産物の三分の二が人口の五分の一――下院の一議員が述べたところでは、最近では人口のわずか七分の一――によって消費されているということをよく考えるならば、諸君は、国民生産物のいかに厖大な割合が奢侈品《しゃしひん》の形で生産されねばならぬか、または奢侈品と交換されねばならぬかということ、および、必需品そのもののいかに厖大な分量が、従僕・馬・猫などに浪費されねばならぬか――この浪費は、われわれが経験から知るところでは、必需品の価格の騰貴につれて、つねに甚だしく制限されるに至るのだが――ということを、理解するであろう。

さて、必需品を生産しない資本家たちの状態はどうであろうか？　彼らは、賃銀の一般的騰貴の結果として生ずる利潤率の低落の代償を、彼らの商品の価格の騰貴によって得ることはできぬであろう。というわけは、これらの商品にたいする需要は増加しないだろうからである。彼らの所得は減少するであろう。そしてこの減少した所得からして、彼らは、価格の騰貴した同量の必需品に、より多くを支払わねばならぬであろう。だが、それだけではないだろう。彼らの所得が減少したので、彼らは奢侈品により少なくしか費やしえず、したがってまた、彼らのそれぞれの商品にたいする彼らの相互的需要が減少するであろう。こうした需要減少の結果として、彼らの商品の価格は下落するであろう。だから、これらの産業部門では、利潤率は、ただに賃銀率の一般的高騰に単比例してではなく、賃銀の一般的騰貴・必需品の価格騰貴・および奢侈品の価格下落の複比例で、低落するであろう。

種々の産業部門で使用される諸資本の利潤率におけるこの相違の結果は何であろうか？　もちろんそれは、何らかの理由で平均利潤率が種々の生産部門で相違するに至るときつねに生ずる結果と同じである。資本と労働とは、利益の少ない部門から利益の多い部門に移転されるであろう。そしてこの移転の過程は、供給が、一方の産業部門では需要の増加に比例して増加し、他方の産業部門では需要の減少に応じて減少するまでつづくであろう。この変動が生じたのち、一般利潤率は種々の産業部門でふたたび平均化されるであろう。狂いはすべて、もともと、種々の商品の需要と供給との比率における単なる変動から生じたのであるから、原因がなくなれば結果もなくなって、物価はもとの水準および均衡に復するであろう。賃銀騰貴の結果たる利潤率の低落は、二、三の産業部門には限られないで一般的なものとなったであろう。われわれの仮定に従えば、労働の生産諸力にも生産物の総額にも何らの変動も起らなかったのであって、その与えられた生産物量が形態を変えただけであろう。生産物のより大きな部分が必需品の形で存在し、より小さい部分が奢侈品の形で存在するであろう。あるいは、――同じことになるのだが、――より小さい部分が外国産の奢侈品と交換され、やはり奢侈品の形態で消費されるであろう。あるいは、――これもまた同じことになるのだが、――国内生産物のより大きな部分が、外国産の奢侈品とではなく必需品と交換されるであろう。だから、賃銀率の一般的高騰は、市場価格を一時的に攪乱したのち、諸商品の価格の永続的変動をなんら生ずることなしに、利潤率の一般的低落を生ずるにとどまるであろう。

もし、以上の論証で私は増加賃銀*の全部が必需品に費やされるものと仮定しているという者があるとすれば、私は、私の仮定はウェストン君の意見にとって最も有利なのだと答える。もし増加賃銀が、以前には労働者によって消費されなかった品物に費やされるとすれば、彼らの購買力が事実上増加したことは証明を要しないであろう。ところが、彼らの購買力の増加は、賃銀の騰貴からのみ生ずるのであるから、資本家たちの購買力の減少と正確に一致せねばならぬ。だから、諸商品にたいする総需要は増加しないで、この需要の構成部分が変動するであろう。一方での需要の増加は、他方での需要の減少によって相殺されるであろう。かようにして、総需要は依然として元のままだから、諸商品の市場価格には何らの変動も生じないであろう。

＊ 原文では surplus wages（剰余賃銀）となっているが、インスティテュート版の訳語に従う。——訳者。

だから諸君は、つぎのようなディレンマに到達する。増加賃銀はすべての消費財に同じように費やされるか、――この場合には、労働者階級のがわの需要の膨脹は、資本家階級のがわの需要の収縮によって相殺されねばならぬ、――さもなければ、増加賃銀はある種の品物だけに費やされてその市場価格が一時的に騰貴するか、である。この場合には、その結果たる或る種の産業部門における利潤率の高騰と他の種の産業部門における利潤率の低落とは、供給が一方の産業部門では増加した需要に適合し他方の産業部門では減少した需要に適合するまで、ひきつづき資本と労働との配分における変動を生ぜしめるであろう。一方の仮定によれば、諸商品の価格には何らの変動も起らないであろう。他方の仮定によれば、市場価格の多少の動揺ののち、諸商品の交換価値はもとの水準に落ちつくであろう。いずれの仮定によっても、賃銀率の一般的高騰の結果は、けっきょく、利潤率の一般的低落に他ならぬであろう。

諸君の想像力をよび起すために、ウェストン君は諸君にたいし、イギリスの農業賃銀の九シリングから十八シリングへの一般的騰貴によって生ずべき困難のことを考えて見よと要求した。彼は叫んだ、――必需品需要の莫大な増加と、その結果である必需品価格のおそるべき騰貴とを考えて見よ！と。さて、諸君のすべてが御存知のように、農業生産物の価格は合衆国ではイギリスでよりも安いにもかかわらず、資本と労働との一般的諸関係は合衆国でもイギリスでも同じであるにもかかわらず、また、年々の生産額は合衆国ではイギリスでよりも遥かに少ないにもかかわらず、アメリカの農業労働者の平均賃銀はイギリスの農業労働者のそれの二倍以上である。では何故、わが友は右のような警鐘をならすのか？　ただ、われわれの前にある真の問題をそらせるために他ならない。九シリングから十八シリングへの賃銀の突然の騰貴は、一〇〇％に達する突然の騰貴ではある。ところがわれわれは、イギリスにおける一般賃銀率が突然に一〇〇％も増加しうるか否かという問題を論議しているのでは決してない。われわれにとっては、その高騰の大いさはまったく問題でない。それは実際の場合場合に、与えられた諸事情に依存し、適合せねばならぬものである。われわれはただ、たとえただの一％であろうとも、賃銀率の一般的高騰はいかに作用するであろうかということを研究すればよいのである。

ウェストン君の一〇〇％という空想的な高騰はそれだけにしておいて、諸君は、イギリスで一八四九年から一八五九年にかけて起った事実上の賃銀騰貴に注意を向けていただきたい。

諸君はすべて、一八四八年いらい実施されている十時間条例、あるいはむしろ十時間半条例のことを御存知である。これは、われわれの目撃した最大の経済的変動の一つであった。これは二、三の地方的事業どころか、イギリスがよって以て世界の市場を支配している指導的産業諸部門における、突然で強制的な賃銀の値上げであった。これは、非常に不利な事情のもとでの賃銀の値上げであった。ユーア博士、シーニョア教授、その他、中産階級のすべての公認の経済学的代弁者たちは――しかも確かに、わが友ウェストンの根拠よりも遥かに有力な根拠にもとづいて、――それはイギリス産業の葬鐘をならすものだということを証明した。彼らの証明によれば、それは、賃銀の単なる値上げというだけのことではなくて、使用される労働量の減少によってひき起されかつこれにもとづいている賃銀の値上げなのである。彼らの主張によれば、諸君が資本家から奪おうとした十二時間目の一時間は、まさに、資本家がそれから自分の利潤を得る唯一の時間だったのである。* 彼らは、蓄積の減少、物価の騰貴、市場の喪失、生産の縮小、その結果である賃銀への反動、窮極の破滅がくるぞとおどかした。実際、彼らは、マキシミリアン・ロベスピエールの最高価格法**もこれに較べれば些事だと声明した。そして彼らは、ある意味では正しかった。ところが結果はどうであったか？　労働日〔一日の労働時間〕の短縮にもかかわらず、工場労働者の貨幣賃銀が騰貴し、使用される工場労働者数が大増加をきたし、彼らの生産物の価格がたえず下落し、彼らの労働の生産諸力が驚くほど発達し、彼らの商品にたいする市場が前代未聞な累進的膨脹をきたした。マンチェスターで私自身が一八六〇年に「科学奨励協会」の会合で聞いたニューマン氏の告白では、ニューマン、ユーア博士、シーニョア、およびその他、すべての御用経済学者たちは間違っていて、民衆の本能の方が正しかったのだ。私がフランシス・ニューマン教授でなくW・ニューマン氏***をあげるのは、彼が、トマス・トゥック氏の『物価史』――一七九三年から一八五六年にいたる物価史を追究したあの立派な著述――の協力者および編集者として、経済学上に秀れた地位を占めているからである。賃銀の額は固定しており、生産物の額は固定しており、労働の生産諸力の程度は固定しており、資本家の意志は固定し永続的であり、そのほか何もかも固定的で窮極的であるという、わが友ウェストンの固定的な考えが正しいとすれば、シーニョア教授の傷ましい予言は正ししかったであろう。そしてロバート・オーウェン、すなわち、すでに一八一六年に労働日の一般的制限を労働階級解放の第一の準備工作だと宣言して、それを事実上、一般的偏見をものともせず、ニュー・ラナークの自分の紡績工場で自力で実施したオーウェンは間違いだったであろう。

＊『資本論』第一部第三篇第七章第三節参照。――訳者。

＊＊ 最高価格法は、フランス大革命中、一七九三年に発布された。この法律は諸商品の最高価格を確定し、また労賃を規定した。この最高価格法の最も熱心な味方は、都市および田舎の貧民の利害を代表するいわゆる「狂乱者」であった。革命的な小ブルジョア的ジャコバン党の指導者たるロベスピエールは、ジャコバン党が戦術上の熟慮から「狂乱者」とブロックを作っていた時代にこの法律を実施した。――インスティテュート版注。

＊＊＊ マルクスはここでは、トゥックの協力者であるイギリスの経済学者W・ニューマーチのことをいっているのだ。――インスティテュート版注。『資本論』第一部第三篇第八章、注一八三参照。――訳者。

十時間条例が採用され、そしてその結果である賃銀の騰貴が起ったのとまったく同じ時期に、大ブリテン〔イングランド・ウェールズおよびスコットランドの総称〕では、ここに挙げるのは適当でないもろもろの理由から、農業賃銀の一般的騰貴が生じた。

　私の直接の目的には必要のないことだが、諸君に誤解させないために、二、三の前置きをいっておこう。

　ある人が毎週二シリングの賃銀を得ていたとき、彼の賃銀が四シリングに騰貴したとすれば、賃銀率は一〇〇％だけ高騰したであろう。これは、賃銀率の高騰としていい表わせば大したもののように見えるが、しかし実際の賃銀額たる毎週四シリングは、依然としてひどく僅かな饑餓賃銀であろう。だから諸君は、仰山にきこえる賃銀率一〇〇％〔の騰貴〕ということに心を奪われてはならない。諸君はつねに聞きただささねばならぬ、——最初の額はいくらだったか？と。

　さらに、お分かりではあろうが、毎週二シリングずつ受取るものが十人、五シリングずつ受取るものが五人、それから毎週十一シリングずつ受取るものが五人いるとすれば、その二十人をいっしょにすれば、毎週百シリングすなわち五ポンド受取るであろう。そこで、彼らの毎週の賃銀の総額がたとえば二〇％だけ騰貴したとすれば、五ポンドから六ポンドへの騰貴が生ずるであろう。実際には、十人の賃銀は元のままで変らず、一方の五人組の賃銀はただ〔各人〕五シリングから六シリングに騰貴しただけであり、他方の五人組の賃銀〔合計〕が五十五シリングから七十シリングに騰貴したのであっても、平均すれば一般的賃銀率が二〇％だけ高騰したといえるであろう。労働者の半分はその状態をちっとも改善せず、四分の一はその状態をわずかな程度で改善し、四分の一だけがその状態を実際に改善したであろう。だが平均で計算すれば、この二十人の労働者の賃銀総額が二〇％だけ増加したことになり、彼等を使用する総資本および彼らの生産する諸商品に関するかぎりでは、彼らのすべてが均等に賃銀の平均的騰貴にあずかったのとまったく同じことになろう。農業労働のばあいには、標準賃銀がイングランドおよびスコットランドの個々の州で大へん相違しているので、〔賃銀〕騰貴の影響は極めて不均等であった。

最後に、かの賃銀騰貴が生じた時期中は、ロシア戦争*の結果である新税、農業労働者の住宅の広範囲にわたる破壊、などの相殺的な諸勢力が作用していた。

＊ 露土戦争（一八五四－五年）のことである。――インスティテュート版注。

これだけの前置きをしておいて、私は進んで、一八四九年から一八五九年にかけて大ブリテンの農業賃銀の平均率に約四〇％の高騰が生じたということを語ろう。私の主張の証拠として十分詳しいこともお話できるのだが、現在の目的のためには、故ジョン・C・モートン氏が一八六〇年に「ロンドン技術協会」で朗読した「農業で使用される諸力」にかんする良心的で批判的な論文を指摘すれば十分だと思う。モートン氏は、スコットランドの十二州およびイングランドの三十五州に居住する約百人の農業者から彼が収集した勘定書その他の信頼すべき文書から、この報告書を作っているのである。

わが友ウェストンの意見によれば、そして同時に生じた工場労働者の賃銀の騰貴といっしょにすれば、一八四九－一八五九年の期間には、農産物の価格の大した騰貴が生じたはずである。しかし事実はどうか？　ロシア戦争、および、一八五四年から一八五六年にいたる引きつづいての凶作にもかかわらず、イングランドの主要農産物である小麦の平均価格は、一八三八－一八四八年のクォーターあたり約三ポンドから、一八四九－一八五九年のクォーターあたり約二ポンド十シリングに下落した。これは、農業賃銀の四〇％の平均的騰貴と同時に、小麦の価格が一六％以上も下落したということである。同じ時期の終りと始め、すなわち一八五九年と一八四九年とを比較すれば、公認の被救恤的窮民《きゅうじゅってき》は九十三万四千四百十九人から八十六万四百七十人に減少し、その差は七万三千九百四十九人であった。たしかに、大へん僅かの減少であり、そしてそれもその後の年度にはふたたび見られなくなったが、しかしやはり減少ではある。

穀物法廃止の結果、外国穀物の輸入は、一八四九―一八五九年の期間内に、一八三八―一八四八年の期間と比較して二倍以上となったといえよう。そしてそれは何を意味したであろうか？　ウェストン君の立場からすれば、ひとは、外国市場にたいするこの突然で厖大で継続的な需要増加は、そこでの農産物の価格をおそろしい高さに騰貴させたに違いない、と予期するであろう。というのは、需要の増加が国外から生じても国内から生じても、その影響は同じことだからである。では事実はどうであったか？　凶作の数年間を除外すれば、あの全期間中、穀物の価格の破滅的な下落がフランスにおける絶えざる論題となった。アメリカ人はたびたび、彼らの過剰生産物を焼くことを余儀なくされた。そしてロシアは、もしわれわれがアーカート氏の言を信ずべきであるならば、その農産物の輸出がヤンキーの競争によりヨーロッパ市場で減殺されたものだから、合衆国の南北戦争を煽動したのである。

ウェストン君の議論を抽象的な形に還元すれば、つぎのようになる。——すべて需要増加は、つねに、ある与えられた生産額の基礎のうえで生ずる。だからそれは、決して需要される品物の供給を増加させうるものでなく、ただその貨幣価格を騰貴させうるだけである、と。さて、ほんのちょっと観察してみればわかることだが、需要の増加は、ある場合には、諸商品の市場価格をまったく元のままで変動させないであろうし、また他の場合には、市場価格の一時的な騰貴を生ぜしめるであろうが、この騰貴には供給の増加がつづいて、価格がその元の水準まで下落し、多くの場合にはその元の水準以下に下落するのである。需要の増加が賃銀増加から生じようと、その他の何らかの原因から生じようと、問題の条件にはちっとも影響がない。ウェストン君の立場からすれば、この一般的現象も、賃銀の騰貴という例外的事情のもとで生ずる現象と同じく、説明が困難であった。だから彼の議論は、われわれの取扱う対象には何ら特別の関係はなかった。それはただ、需要の増加は市場価格の窮極的騰貴をもたらさないで供給の増加をもたらすという法則を説明するに際しての、彼の混乱を示すにすぎない。

三　賃銀と通貨

討論の二日目に、わが友ウェストンは自分のもとの主張を新しい形式で装った。彼はいった、――貨幣賃銀の一般的騰貴の結果として、同じ〔現実〕賃銀を支払うためにより多くの通貨が必要とされるであろう。通貨〔の分量〕は固定しているのに、どうして諸君は、この固定した通貨をもって増加した貨幣賃銀を支払うことができるか？と。最初には困難は、労働者の貨幣賃銀が増加するにもかかわらず、彼に帰属すべき諸商品の分量が固定しているということから生じた。いまや困難は、諸商品の分量が固定しているにもかかわらず、貨幣賃銀が増加するということから生ずる。もちろん、もし諸君が彼の最初のドグマを放棄するならば、彼の第二の難儀も消滅するであろう。

だがわれわれは、この通貨問題が当面の対象とはまったくなんの関係もないことを明らかにしよう。

諸君の国では、支払の機構が、ヨーロッパの他のどの国よりもはるかによく完成されている。銀行制度の拡張と集中のおかげで、同一分量の価値を流通させ、同一またはより大きな取引を行うために、はるかに少ない通貨で足りる。たとえば賃銀についていえば、イギリスの工場労働者は自分の賃銀を毎週小売商人に支払い、小売商人はこれを毎週銀行におくり、銀行はこれを毎週工場主にかえし、工場主はこれをふたたび自分の労働者に支払う、という次第である。この仕組によって、一労働者の一年の賃銀たとえば五十二ポンドが、毎週同じ循環をしている一個のソヴリン〔一ポンドの金貨幣〕によって支払われうる。イングランドでさえも、この機構は、スコットランドほど完成されてはいないし、また、どこでも同じように完成されているわけでもない。だから、たとえば或る農業地方では、純工場地方と比較すれば、はるかに少量の価値を流通させるために、はるかに多量の通貨が必要とされているのである。

　海峡を越えると、諸君は、貨幣賃銀がイギリスでよりもはるかに低いことを、しかもそれが、ドイツやイタリーやスイスやフランスでははるかに多量の通貨によって流通させられていることを、見出されるであろう。同じソヴリンがそんなに早く銀行に納まったり産業資本家の手に返されたりはしないであろう。したがってまた、一ソヴリンが年に五十二ポンドを流通させるどころか、おそらく、二十五ポンドの年賃銀を流通させるために三ソヴリンが必要であろう。かように、大陸諸国をイギリスと比較することによって、諸君はただちに、低い貨幣賃銀が高い貨幣賃銀よりも、その流通のためにはるかに多くの通貨を必要とすることがありうること、および、これは実はわれわれの対象にとってまったく無関係な技術的問題にすぎぬことを、理解されるであろう。

私の知っている最善の計数によれば、この国の労働者階級の年所得を二億五千万ポンドと見積ることができる。この厖大な額が約三百万ポンドによって流通させられている。いま五〇%の賃銀騰貴が生ずると仮定しよう。そうすると、三百万ポンドの通貨でなく四百五十万ポンドが必要とされるわけだ。ところが労働者の日々の出費の大部分は、銀貨と銅貨で、すなわち、金に対するその相対的価値が不換紙幣のそれと同じく法律によって任意に定められる単なる貨幣章標で支払われるのだから、五〇%だけの貨幣賃銀の騰貴は、極端なばあいには、たとえば百万ソヴリンの追加流通を必要とするであろう。いま金地金または鋳貨《ちゅうか》の形態でイングランド銀行または私営銀行の地下室に睡っている百万ポンドが流通するであろう。だが、その百万ポンドの追加鋳造または追加磨損から生ずる些細な出費さえも、たとえ追加通貨の欠乏から何らかの摩擦が生ずるとしても、節約すれば節約されうるし、また実際に節約されるであろう。諸君のすべてが御存知のように、この国の通貨は二部門に大別されている。その一種は、種々の種類の銀行券から成りたっていて、商人と商人との取引、および消費者の商人にたいする大口支払で使用されており、もう一種の通貨すなわち金属鋳貨は、小売取引で流通している。これらの二種の通貨は、相違しているが相互に嚙みあっている。たとえば金貨は、大口支払においても五ポンド以下のはした用に大いに流通している。もし明日にでも四ポンド券、または三ポンド券、または二ポンド券が発行されるならば、これらの流通路をみたしている金は、ただちにそこから追いだされて、貨幣賃銀の増加によって必要となるような流通路に流れこむであろう。かようにして、五〇％の賃銀騰貴によって必要となる追加の百万ポンドは、ただ一個のソヴリンの追加もなしに供給されるであろう。これと同じ結果は、ランカシャーで久しくそうだったように、銀行券の追加なしにでも手形の追加流通によって生ずるであろう。

賃銀率の一般的高騰、たとえばウェストン君が農業賃銀で生ずるものと仮定したような一〇〇％の一般的高騰が、必需品の価格の大きな騰貴をひきおこすものとすれば、そして彼の意見どおりに、得られるはずもない通貨の追加量が必要となるものとすれば、賃銀の一般的下落は、同じ規模で反対の方向に同じ結果を生ずるに違いない。さて、諸君のすべてが御承知のように、一八五八―一八六〇年の三年間は綿業にとり最も好景気な年であり、殊に一八六〇年はこの点で商業史上に比類ない年であって、同時に他のすべての産業部門も最も好況であった。綿業労働者および綿業に関係のある他のすべての労働者の賃銀は、一八六〇年にはかつてない高さであった。そこへアメリカの恐慌がやってきて、この総賃銀が突然にその従来の額の約四分の一に下落した。これが反対の方向ならば四〇〇％の騰貴であろう。賃銀が五シリングから二十シリングに騰貴すれば、われわれは、賃銀が四〇〇％だけ騰貴したという。賃銀が二十シリングから五シリングに下落すれば、われわれは、それが七五％だけ下落したという。しかし、前のばあいの騰貴額と後のばあいの下落額とは同じこと、すなわち十五シリングであろう。だからこれは、未曾有な突然の賃銀率変動であり、しかも同時に、――もしわれわれが、直接に綿業に従事している労働者だけでなく、間接に綿業に依存している労働者もすべて算入するならば、――農業労働者数の一倍半だけの数の労働者に及んだのだ。そこで小麦の価格は下落したか？　それは、一八五八―一八六〇年の三年間の年平均クォーターあたり四十七シリング八ペンスから、一八六一―一八六三年の三年間の年平均クォーターあたり五十五シリング十ペンスに騰貴した。通貨はといえば、造幣局では、一八六〇年における三百三十七万八千七百九十二*ポンドにたいし、一八六一年には八百六十七万三千二百三十二ポンド鋳造された。すなわち、一八六一年には一八六〇年にくらべて五百二十九万四千四百四十**ポンドだけ多く鋳造されたのである。なるほど銀行券の流通は、一八六一年には一八六〇年にくらべて百三十一万九千ポンドだけ少なかった。これを差し引こう。それでもなお、一八六一年度の通貨は、好況の年である一八六〇年にくらべて三百九十七万五千四百四十***ポンド、すなわち約四百万ポンドだけ多い。しかしイングランド銀行の地金準備は、同時に、まったく同じ割合でではないがほぼ同じ割合で減少した。

＊　ディーツ版『二巻選集』(一九五三年)では、この数字が「三、三七八、一〇二」となり、したがって、――

＊＊　この差額が「五、二九五、一三〇」となり、したがってまた、——

＊＊＊　この差額が「三、九七六、一三〇」となっている。——訳者。

一八六二年を一八四二年と比較してみよう。流通した諸商品の価値と分量との莫大な増加を別としても、一八六二年には、イングランドおよびウェールズにおける諸鉄道の株式・社債・などの普通の取引で支払われた資本だけで三億二千万ポンドに達したが、こんな額は一八四二年では荒唐無稽に思われたであろう。にもかかわらず、一八六二年と一八四二年との通貨の総額はほとんど等しかった。そして一般に諸君は、諸商品の価値だけでなく貨幣取引一般の価値もおそろしく増加しているのに、通貨は累減する傾向のあることを発見されるであろう。わが友ウェストンの立場からすれば、これは解けない謎である。

もし彼がいくらかより深くこの事態を洞察したならば、賃銀は別としても、またそれは固定したものと仮定しても、彼はつぎのようなことを、——すなわち、流通すべき諸商品の価値と分量、総じて決済されるべき貨幣取引の額は日々変動するということを、銀行券の発行額も日々変動するということを、貨幣の介入なしに手形・小切手・帳簿上の信用・手形交換所・の媒介によって行われる支払の額も日々変動するということを、現実の金属通貨が要求されるかぎりでは、流通している鋳貨と、銀行の準備金となり地下室に睡っている鋳貨および地金との比率も日々変動するということを、国内流通によって吸収される地金の額および国際流通のために海外に送られる地金の額も日々変動するということを、——こうしたことを発見したであろう。彼は、通貨〔の分量〕は固定しているというこのドグマは今日の日々の動きと一致しない、とんでもない誤りだということを発見したであろう。彼は、通貨の法則にかんする彼の誤解を労賃の値上げに反対する論拠に転用する代りに、かくもたえず変動しつつある諸事情に通貨を適合させうる法則を探求したであろう。

四　供給と需要

わが友ウェストンは、repetitio est mater studiorum すなわち、反復は研究の母なりというラテン人のことわざを信奉している。だから彼は、自分の最初のドグマを、賃銀騰貴の結果である通貨の収縮は資本の減少を生ずるであろう云々という新しい形式で再びくり返した。私は、通貨にかんする彼の奇妙な考えはすでに論評したので、彼が通貨にかんする自分の想像上の不祥事から生ずるものと考えている想像上の諸結果に立入ることはまったく無用だと思う。私は進んで、いろいろと異なった形でくり返されている彼の一個同一のドグマを、ただちにその最も簡単な理論的形式に還元しよう。

彼がその対象をとり扱った無批判的な仕方は、ただの一言で明らかになるであろう。では彼は賃銀の引き上げ、またはかかる引き上げの結果たる高い賃銀に反対である。では彼に聞こう、——高い賃銀とは何であり、また低い賃銀とは何であるか？　なにゆえに、たとえば毎週五シリングでは低い賃銀であり、また毎週二十シリングでは高い賃銀なのか？　五シリングは二十シリングにくらべて低いというならば、二十シリングは二百シリングにくらべればさらに低い。いま人あって寒暖計について講義するばあいに、いきなり温度の高低からしゃべり始めるならば、彼は何らの知識も与えないであろう。彼はまず、氷点はどうして見出され、また沸騰点はどうして見出されるかを説明し、そして、これらの基準点は寒暖計の販売者や製造者の思いつきによってではなく、自然法則によって決定されるものであることを説明せねばならぬ。さてウェストン君は、賃銀や利潤にかんして、かかる基準点を経済法則から推論することができなかったばかりでなく、かかる基準点を探求する必要も感じなかったのである。彼は、低い高いという通俗用語を、一定の意味をもつものと解して満足したのであるが、しかしいうまでもなく、賃銀は、その大いさを測定すべき基準と比較して初めて、高いとか低いとかいえるのである。

彼は、なぜ一定額の貨幣が一定量の労働に支払われるかを説明することはできぬであろう。もし彼が「それは需要供給の法則によって決定される」と答えるならば、私は何よりもまず彼にたずねよう、――どんな法則によって需要供給そのものは規制されるか？ と。それだけで右の答はただちに駄目となるであろう。労働の供給と需要との関係はたえず変動し、それにつれて労働の市場価格もたえず変動する。需要が供給をこえれば賃銀は騰貴し、供給が需要をこえれば賃銀は下落する、――といっても、かかる事情のもとでは、たとえばストライキまたはその他の方法によって、需要供給の現実の状態を試験する必要があるかもしれないが。――だが、もし諸君が需要供給をもって賃銀を規制する法則と認めるならば、賃銀の引き上げに反対するのは、児戯であると共に無用であろう。というのは、諸君の訴える至上法則によれば、賃銀の周期的騰貴は、賃銀の周期的下落とまったく同じように、必然的であり規則どおりだからである。もし諸君が、需要供給をもって賃銀を規制する法則と認めないならば、私はふたたび質問をくりかえす、――なぜ一定額の貨幣が一定量の労働に支払われるか？と。

だが、事態をもっと広く考えてみよう。労働またはその他の何らかの商品の価値は結局のところ需要供給によって決定されると考えるならば、それはまったく諸君の誤りであろう。需要供給は市場価格の一時的動揺を規制するにすぎない。それは諸君に、なぜ一商品の市場価格がその価値以上に騰貴し、または以下に下落するかを説明するであろうが、しかしそれは、その価値そのものを説明することはできない。需要と供給とが均衡する――または経済学者たちがいうように一致する――ものと仮定しよう。ところが、これらの反対勢力が等しくなるその瞬間に、それらは相互に無力化しあい、どちらの方向にも作用しなくなる。供給と需要とが均衡し、したがって作用しなくなる瞬間に、一商品の市場価格はその現実価値と、すなわちその市場価格の動揺の中心をなす標準価格と、一致する。だからわれわれは、この価値の本性を研究するに当っては、市場価格に及ぼす需要供給の一時的影響にはまったく何の用もない。このことは、賃銀についても、他のすべての商品の価格についても、あてはまる。

五　賃銀と物価

わが友の全議論は、その最も簡単な理論的表現に還元すれば、「諸商品の価格は賃銀によって決定または規制される」という、このただ一つのドグマに帰着する。

この陳腐で葬りさられた謬論《びゅうろん》にたいする反証をあげるために、私は実際の観察に訴えよう。その労働が比較的に高価なイギリスの工場労働者、坑夫、造船工などは、彼らの生産物が安いので他のすべての国民との競争に勝っているが、たとえば、その労働が比較的に安価なイギリスの農業労働者は、彼らの生産物が高いのでほとんどどの他の国民との競争にも敗れているといえる。同一国内の品物と品物とを比較し、また種々の国々の諸商品を比較して見ると、いくつかの例外――現実の例外ではなくむしろ外見的な例外――を別とすれば、平均して、高価な労働は安価な商品を生産し、安価な労働は高価な商品を生産することがわかる。このことは、もちろん前の場合には労働の高価なことが、後の場合にはその安価なことが、諸商品の安価および高価のそれぞれの原因だという証拠にはなるまいが、とにかく、諸商品の価格は労働の価格によっては支配されていないという証拠にはなろう。だがわれわれにとっては、こんな経験的な方法を用いるのはまったく余計なことである。

ウェストン君が「諸商品の価格は賃銀によって決定または規制される」というドグマをうち立てたということは、おそらく否定もできよう。実際のところ、彼はそれを決して定式化してはいない。それどころか彼は、――利潤や地代も諸商品の価格の構成部分をなす、けだし労働者の賃銀ばかりでなく、資本家の利潤や地主の地代も諸商品の価格から支払われねばならぬから、といった。では彼の考えでは、価格はどうして形成されるのか？　まず賃銀によってである。それからこの価格にたいし、資本家のための歩合が追加され、さらに地主のための歩合が追加される。いま一商品の生産で使用される労働の賃銀を十と仮定しよう。利潤率を投下賃銀に対する一〇〇％とすれば、資本家は十をつけ加えるであろう。そして、地代の率も賃銀にたいする一〇〇％とすれば、さらに十がつけ加えられるであろう。そしてその商品の総価格は三十となるであろう。だが、価格がこうして決定されるということは、それが賃銀によって決定されることに他ならぬであろう。右のばあい、もし賃銀が二十に騰貴すれば、その商品の価格は六十に騰貴するであろうというわけである。したがって、賃銀が価格を規制するなどというドグマをとなえる経済学上のすべての老朽著述家たちは、利潤や地代を賃銀にたいする単なる追加的歩合として取り扱うことによって、このドグマを証明しようとした。彼らのうちの誰も、もちろん、この歩合の限界を何らかの経済法則から説明することはできなかった。それどころか彼らは、利潤は、伝統・慣習・資本家の意志・または何か他の同じように恣意的で説明できない方法によって決定されるものと考えているようである。たとえ彼らが、利潤は資本家たちの間の競争によって決定されると主張しても、それは何の説明にもならない。その競争はたしかに、種々の事業における種々の利潤率を平均し、それらを平均水準に還元しはするが、しかしそれは、けっして、その水準そのもの、すなわち一般的利潤率を決定することはできない。

諸商品の価格は賃銀によって決定されるというのは、どんな意味であるか？　賃銀というのは労働の価格の名称に他ならぬから、それは、諸商品の価格は労働の価格によって規制されるということである。「価格」とは交換価値であり、――私が価値というのはいつでも交換価値のことである、――貨幣で表現された交換価値であるから、右の命題は、「諸商品の価値は労働の価値によって決定される」ということ、または「労働の価値は価値の一般的尺度である」ということに帰着する。

だが、ではどうして「労働の価値」そのものは決定されるか？　ここでわれわれは行きづまってしまう。もちろん、われわれが行きづまるのは論理的に推論するからである。だが、かの学説の主張者たちは、論理的な遠慮などにはお構いなしだ。たとえば、わが友ウェストンをとってみよう。まず彼はわれわれに、賃銀は諸商品の価格を規制するということ、および、したがって賃銀が騰貴すれば物価は騰貴せねばならぬということを説く。それから彼は向きなおって、賃銀が騰貴しても何にもならぬだろう、けだし諸商品の価格が騰貴するから、そして賃銀は実にそれで買われる諸商品の価格によって測定されるのだから、ということをわれわれに証明する。かくして、労働の価値は諸商品の価値を決定するという主張から始まって、諸商品の価値は労働の価値を決定するという主張で終る。こうしてわれわれは、ひどい循環論法に陥って、まったく何らの結論にも到達しないのである。

これを要するに、一商品、たとえば労働・穀物・またはその他の何らかの商品の価値を、価値の一般的尺度または規制者とすることによっては、一つの価値を他の価値――これがまたさらに決定される必要がある――によって決定するのだから、明らかにわれわれは、ただ困難の一時のがれをするにすぎない。

「賃銀は諸商品の価格を決定する」というドグマは、これを最も抽象的な言葉でいい表わせば、「価値は価値によって決定される」ということになる。そしてこの同義反復は、われわれは実は価値について全く何も知っていないということを意味する。もしこの前提を承認するならば、経済学上の一般的法則にかんする一切の推理は単なる饒舌に帰着する。だから、リカードが、一八一七年に公けにされた彼の著作『経済学原理』において、「賃銀は物価を決定する」という、古い、俗向きの、ぼろぼろになった謬論――すなわち、アダム・スミスおよびそのフランスにおける先駆者たちが彼らの研究の真に科学的な部分ではすでに足蹴《あしげ》にかけたが、彼らの通俗で俗流的な諸章ではふたたびもちだしている謬論――を根本的に粉砕したことは、リカードの偉大な功績である。

六　価値と労働

諸君、――私はいま、問題の真の展開にはいらねばならぬ点に達した。私は、それをじゅうぶん満足できるようにすることは約束できない。というわけは、そうするためには私は、経済学の全領域に説き及ぼすことを余儀なくされるだろうからである。私はただ、フランス人がよくいうように、"effleurer la question" すなわち、要点にふれることしかできない。

われわれが提出せねばならぬ第一の問題は、商品の価値とは何か？　それは、どうして決定されるか？　ということである。

一見すると、商品の価値はまったく相対的なものであって、一商品を他のすべての商品との関係において考察しないではぜんぜん決定できぬように思えるであろう。実際、一商品の価値・交換価値・という場合には、われわれは、その商品が他のすべての商品と交換される量的比率を意味する。だが、そうすると、諸商品が相互に交換される比率はどうして規制されるか？という問題が生ずる。

われわれは経験によって、これらの比率は限りもなく多様なことを知っている。ある一個の商品、たとえば小麦をとって見るならば、われわれは、一クォーターの小麦が種々の商品とほとんど無数な様々の比率で交換されることを見出すであろう。ところが、絹・金・またはその他のどの商品で表現されようとも、一クォーターの小麦の価値は正確に同一であるから、その価値は、種々の品物とのかかる種々の交換の割合とは別なもの、独立なもの、でなければならぬ。様々の商品とのこれらの様々の方程式を、それとは甚だしく異なる一形態で表現することが、可能でなければならぬ。

なおまた、もし私が、一クォーターの小麦は一定の比率で鉄と交換されるとか、一クォーターの小麦の価値は一定量の鉄で表現されるとか語る場合には、私は、小麦の価値と鉄でのその対価とが、小麦でも鉄でもないある第三者に等しい、ということを語るのである。というわけは、私は、それらが、二つの異なる形をとった同じ大いさのものを表現するものと仮定しているからである。だから、それらのおのおのは、すなわちその小麦または鉄は、他方から独立に、それらの共通の尺度であるこの第三者に整約されえなければならぬ。

この点を説明するために、私は、ごく簡単な幾何学上の例を援用しよう。ありとあらゆる形および大いさの三角形の面積を比較したり、三角形を矩形またはその他のなにか直線形と比較するに当っては、われわれはどんな手続きをとるか？ どんな三角形でも、われわれはその面積を、それの眼に見える形とはまったく異なる一表現に整約する。三角形の性質からして、それの面積はそれの底辺と高さとの積の二分の一に等しいことがわかったとすれば、われわれは、すべての種類の三角形の、および何でもあらゆる直線形の、種々の値《あたい》を比較することができる。というわけは、直線形はすべて一定数の三角形に分解されうるからである。

諸商品の価値についても同じような手続きが行われねばならぬ。われわれは、それらのすべてをそれらに共通な一表現に整約して、それらをただ、それらがこの同じ尺度を含む比率によってのみ区別することができなければならぬ。

諸商品の交換価値はこれらの物の社会的機能に他ならぬのであって、自然的諸性質とはまったく何の関係もないのであるから、われわれはまず、すべての商品の共通な社会的実体は何であるか？　とたずねねばならぬ。それは労働である。商品を生産するには、そのために一定量の労働が用いられまたは費やされねばならぬ。しかもそれは、単に労働ではなく、社会的労働である。ある品物を自分自身の直接的使用のために、それを自分自身で消費するために、生産する人は、生産物は作るが商品は作らない。自給自足の生産者としては、彼はなんら社会と関係しない。ところが商品を生産するためには、ひとは、何らかの社会的欲求を充たす品物を生産せねばならぬばかりでなく、彼の労働そのものが、社会によって支出される総労働量の一部分をなさねばならない。それは、社会内の分業に従属しておらねばならない。それは、他の諸分業なしには無意義であり、またそれ自身、他の諸分業を補足することを要求されている。

われわれが諸商品を価値として考察する場合には、われわれはそれらを、もっぱら、実現された・固定された・あるいはそういいたければ結晶した・社会的労働という単一の観点のもとで、考察するのである。この観点からすれば、諸商品は、たとえば一枚の絹のハンカチには一個の煉瓦によりも多量の労働が費やされるというように、それらが体現する労働量の多少によってのみ区別されうる。では、労働の分量はどうして測定されるか？　時、日、などを尺度としての、労働の継続される時間によってである。もちろん、この尺度を当てがうためには、あらゆる種類の労働が、その単位としての、平均的または簡単な労働に整約されるのである。

だからわれわれはつぎのような結論に到達する。商品が価値をもつのは、それが社会的労働の結晶だからである。それの価値の大いさ、またはそれの相対的価値は、それに含まれているかの社会的実体の分量の大小、すなわち、それの生産に必要な労働の相対的分量に依存している。だから諸商品の相対的価値は、それらに費やされた・実現された・固定された・労働のそれぞれの分量によって決定される。同一の労働時間内に生産されうる諸商品の相関的諸分量は相等しい。あるいは、一商品の価値が他の一商品の価値にたいする比は、一商品に固定された労働の分量が、他の一商品に固定された労働の分量にたいする比に等しい。

思うに諸君の多くは質問されるであろう、――では実際、諸商品の価値を賃銀によって決定することと、それを諸商品の生産に必要な労働の相対的諸分量によって決定することとの間には、そんなに大した相違、またはともあれ何らかの相違があるか？と。ところが、諸君が注意されねばならぬのは、労働に対する報酬と労働の分量とはまったく別ものだということである。たとえば一クォーターの小麦と一オンスの金とに等量の労働が固定されていると仮定しよう。私がこの例をあげるのは、それをベンジャミン・フランクリンが、一流人の一人として価値の真相にふれているところの、一七二九年に公けにされた「紙幣の本性および必要に関する小研究」と題する彼の最初の論文で用いているからである。さて、そこでわれわれは、一クォーターの小麦と一オンスの金とは、等量の平均的労働の――それぞれこれらの物に固定した何日分または何週間分の労働の――結晶であるから相等しい価値また等価物だと仮定しよう。こうして金と穀物との相対的価値を決定するに当り、われわれは、農業労働者と坑夫との賃銀を何とか問題にするであろうか？ちっともしない。われわれは、彼らの一日分または一週間分の労働がいかに支払われたかということ、あるいは、いったい賃労働が使用されたか否かということさえ、まったく不問に付する。賃労働が使用されたとしても、賃銀は甚だしく不同だったかもしれない。その労働が一クォーターの小麦に実現されている労働者は二ブッシェル〔一クォーターは八ブッシェル〕しか受取らぬかもしれないが、鉱山業で使用される労働者は二分の一オンスの金を受け取るかもしれない。あるいは、彼らの賃銀は等しいとしても、それらの賃銀は、彼らの生産した諸商品の価値から、ありとあらゆる比率で背離するかもしれない。すなわちそれらは、一クォーターの小麦または一オンスの金の二分の一、三分の一、四分の一、五分の一、またはその他の比例部分であるかもしれない。彼らの賃銀は、もちろん、彼らの生産する諸商品の価値を超過すること――すなわちそれより多いこと――はありえないが、しかし、あらゆる可能な程度でそれより少ないことはありうる。彼らの賃銀は諸生産物の価値によって制限されるであろうが、しかし彼らの諸生産物の価値は賃銀によっては制限されないであろう。そしてともあれ、価値、たとえば穀物と金との相対的価値は、使用された労働の価値すなわち賃銀にはまったく何らの係わりもなく確定されたであろう。だから、諸商品の価値をそれらに固定されている労働の相対的分量によって決定することは、諸商品の価値の労働の価値または賃銀によって決定するという同義反復的な方法とは、まったく別なことである。だがこの点は、われわれの研究が進むにつれて一そう明らかにされるであろう。

一商品の交換価値を計算するに当っては、われわれは、最後に使用された労働の分量に加えるに、その商品の原料にあらかじめ費やされた労働の分量、および、「かかる労働のさいに援用された」用具・道具・機械ならびに建物に用いられた労働、をもってせねばならぬ。たとえば、一定量の綿糸の価値は、紡績過程を通じて棉花に付加された労働の分量、棉花そのものにあらかじめ実現された労働の分量、石炭・油・そのほか使用された補助材料に実現された労働の分量、蒸気機関・紡錘・工場建物に固定された労働の分量、などの結晶である。道具・機械・建物のような本来の意味での労働用具は、反復的な生産過程を通じて、期間の長短こそあれ、くりかえし役にたつ。もしそれらが、原料のように一度に消耗されるならば、それらの全価値は、それらを援用して生産された諸生産物に一度に移転されるであろう。しかし、たとえば紡錘は、だんだんにしか消耗されないから、それの平均的寿命、したがって一定の期間たとえば一日間のそれの平均的損耗または磨損を基礎として、平均計算が行われる。かようにしてわれわれは、その紡錘の価値のどれだけが日々つむがれる糸に移転されるかということ、したがってまた、たとえば一ポンドの糸に実現された総労働量のどれだけが、その紡錘にあらかじめ実現されていた労働量に起因するかということを、計算する。われわれの現在の目的のためには、この点をこれ以上に詳しく述べる必要はない。

もし一商品の価値が、それの生産に用いられた労働の分量によって決定されるとすれば、ひとが怠惰であるか不熟練であればあるほど、その商品の仕上げに多くの労働時間が必要だというわけで、彼の商品はますます価値が多いかに思われるかもしれない。だがそれは、とんでもない間違いであろう。諸君は、私が「社会的労働」という言葉を用いたのを記憶されるであろうが、この「社会的」という形容には多くの論点が含まれている。一商品の価値は、その商品に費やされまたは結晶された労働の分量によって決定されるというとき、われわれは、与えられた社会状態において、一定の社会的平均的な生産条件のもとで、使用される労働の与えられた社会的平均的な強度および平均的な熟練をもって、その商品を生産するに必要な労働の分量を意味する。イギリスで蒸気織機が手織機と競争するようになったとき、一定量の糸を一ヤールの綿織物または毛織物に転化するために、以前の労働の半分しかいらなくなった。そこで、哀れな手織工は、以前には一日に九時間か十時間働いていたのに、いまや十七時間も十八時間も働いた。しかも二十時間分の彼の労働の生産物は、いまや、社会的労働の十時間分を、あるいは、一定量の糸を織物に転化するために社会的に必要な労働の十時間分を、代表したにすぎない。だから、二十時間分の彼の生産物は、十時間分の彼の以前の生産物の価値しかなかった。

そこで、諸商品に実現された社会的必要労働の分量が、それらの商品の交換価値を規制するとすれば、一商品の生産に要する労働の分量が増加すればするほどその商品の価値が増大し、またそれが減少すればするほどその価値が低減するに違いない。

それぞれの商品の生産に必要なそれぞれの労働量がひきつづき不変だとすれば、それらの商品の相対的価値も不変であろう。しかし、そんなことは実際にはない。一商品の生産に必要な労働の分量は、使用される労働の生産諸力の変動につれて、たえず変動する。労働の生産諸力が大であればあるほど、一定の時間内により多くの生産物が仕上げられ、労働の生産諸力が小であればあるほど、同じ時間内により僅かの生産物しか仕上げられない。たとえば、人口の増加によって豊饒度のより低い土地を耕作することが必要となれば、同じ額の生産物を得るために、より多量の労働を費やさねばならなくなり、その結果、農産物の価値が増加するであろう。他面、近代的な生産手段を以てすれば一人の紡績工が一労働日のうちに、もし紡車をもってすれば同じ時間内に紡ぎうるであろう棉花量の数千倍もを糸に転化するとすれば、明らかに、棉花の各一ポンドは、以前にくらべて紡績労働の幾千分の一しか吸収しないであろう。したがってまた、紡績業によって各一ポンドの棉花に付加される価値は、以前にくらべて幾千分の一に減少するであろう。糸の価値はそれに応じて低減するであろう。

種々の人々の先天的精力および後天的作業能力の相違を度外視すれば、労働の生産諸力は、主としてつぎのものに依存するに違いない、——

第一。労働の自然的諸条件、たとえば、土地や鉱山の豊饒度、など。

第二。労働の社会的諸力の進歩・改良であって、これは、大規模生産、資本の集積と労働の結合、労働の再分割、機械、作業方法の改良、化学的その他の自然的諸能因の応用、交通=および運輸手段による時間と空間との短縮、および、あらゆる他の発明——すなわちそれによって科学が自然的諸能因を労働に奉仕させ、またそれによって労働の社会的または協力的性格が発展するような発明——から得られる。労働の生産諸力が大となればなるほど、一定分量の生産物に用いられる労働が僅かとなり、かくしてその生産物の価値が小となる。労働の生産諸力が小となればなるほど、同じ分量の生産物に用いられる労働が多くなり、かくしてその生産物の価値が大となる。だからわれわれは、つぎのような一般的法則をうち立てることができる。——

諸商品の価値は、それらの生産に使用される労働時間に正比例し、使用される労働の生産諸力に反比例する。

私はこれまで価値のことだけを語ってきたので、価値のとる特殊形態である価格について数言つけ加えておこう。

価格は、それだけのものとしては、価値の貨幣的表現に他ならない。たとえば、この国のすべての商品の価値は金価格で表現されているが、大陸の方では、主として銀価格で表現されている。* 金または銀の価値は、他のすべての商品の価値と同じく、それらを得るために必要な労働の分量によって規制される。諸君は、諸君の国民的労働の一定分量の結晶である諸君の国民的生産物の一定分量を、金銀生産諸国の労働の一定分量の結晶である彼らの生産物と交換する。かようにして、すなわち実際には物々交換によって、諸君はすべての商品の価値を、すなわちそれらに用いられた労働のそれぞれの分量を、金および銀で表現するようになるのである。価値の貨幣表現、または同じことだが、価値の価格への転化にもう少し詳しく立入るならば、諸君はそれが、すべての商品の諸価値に独立のかつ同質の形態を与えるための、あるいは、それらを同等な社会的労働の諸分量として表現するための、手続きであることを見出されるであろう。価格は、価値の貨幣表現に他ならぬかぎりでは、アダム・スミスによっては「自然価格」と名づけられ、フランスの重農主義者によっては「必要価格」と名づけられた。

* イギリスでは一八一六年いらい金単本位制が行われたが、ヨーロッパ大陸では七〇年代まで金銀複本位制が行われた。——訳者。

では価値と市場価格との関係、または自然価格と市場価格との関係はどうか？　諸君のすべてが御存知のように、生産の諸条件が個々の生産者たちにとっていかに相違していようとも、市場価格は、同じ種類のすべての商品にとって同一である。市場価格は、社会的平均的な生産諸条件のもとで一定の品物の一定量を市場に供給するために必要な、社会的労働の平均量を表現するにすぎない。それは、一定種類の商品の全部について計算される。

そのかぎりでは、一商品の市場価格はその価値と一致する。他面、価値または自然価格の以上となったり以下となったりする市場価格の動揺は、需要供給の変動に依存する。市場価格の価値からの背離は継続的であるが、しかしアダム・スミスがいっているように、――

「自然価格は、諸商品の価格がたえず引きつけられる中心価格である。種々の出来事が、時としては、市場価格を自然価格のかなり上にとどまらせ、また時としては、幾らか下にさえ押し下げるかもしれない。しかし、市場価格が休息と滞留とのこの中心に落付くことを妨げる障害がどうあろうとも、市場価格はつねにこの中心に向う傾向をもっている。」

私はいまこの問題に立入ることはできない。供給と需要とが相互に均衡するならば、諸商品の市場価格は、それらの自然価格と、すなわちそれらの生産に要するそれぞれの労働量によって決定されるそれらの価値と、一致するであろう、ということをいっておけば十分である。しかるに供給と需要とは、つねに相互に均衡する傾向をもたざるをえない、——といっても、それらは、一の変動を他の変動によって——すなわち騰貴を下落により下落を騰貴によって——相殺することによってのみ相互に均衡するのだが。もし諸君が、単に日々の変動を観察するだけでなく、たとえばトゥック氏が彼の『物価史』でやったように、長期間にわたる市場価格の動きを分析されるならば、諸君は、市場価格の変動、その価値からの背離、その騰貴および下落が、相互に無力化し相殺することを、——かくして、私がいま見のがさねばならぬ独占の影響その他若干の変化を度外視すれば、あらゆる種類の商品は、平均的には、そのそれぞれの価値または自然価格で売られるということを、——発見されるであろう。市場価格の諸変動が相殺されるに要する平均期間は、商品の種類の異なるにつれて異なる。というわけは、ある種の商品のばあいには他の種の商品のばあいよりも、供給を需要に適合させることが容易だからである。

そこで、一般的にいえば、そしてやや長い期間にわたって見れば、あらゆる種類の商品がそのそれぞれの価値で売られるものとすれば、利潤が、——個々のばあいの利潤ではなく、種々の事業の恒常的かつ平常的な利潤が、——諸商品の価格から、または諸商品をその価値以上の価格で売ることから生ずるものと考えるのは、背理である。こうした考えの馬鹿馬鹿しさは、それを一般化して見ると明らかになる。ある人が売手としてつねに得るものを、彼は、買手としてつねに失うに違いない。売手たることなしに買手たる人、または、生産者たることなしに消費者たる人々がいるといっても、役にたたぬであろう。これらの人々が生産者に支払うものを、彼らはまず只《ただ》で生産者から取り上げるに違いない。もし或る人がまず諸君の金《かね》を取り上げておいて、のちにその金を諸君の商品を買うさいに返すとすれば、諸君は、諸君の商品をその同じ人にいくら高く売っても決して儲からないであろう。こうした種類の取引は、損失を軽減することはできるかもしれないが、利潤を実現する助けには決してならぬであろう。

だから、利潤の一般的性質を説明するためには、諸君は、諸商品は平均的にはその現実の価値で売られるという、および、利潤は諸商品をその価値で——すなわち、それらの商品に実現されている労働量に比例して——売ることによって得られるという、定理から出発せねばならぬ。もし諸君が、利潤をこの前提にもとづいて説明できぬならば、諸君はとうてい利潤の説明はできない。これは、逆説であり日常の見聞と反するように見える。地球が太陽の周囲を運行するということ、および、水が二つの極めて燃えやすいガスから成立っているということも、やはり逆説である。もし、事物の欺瞞的な外観のみを捉える日常的経験によって判断するならば、科学的真理はつねに逆説なのである。

七　労　働　力

いまや、こんなあわただしい仕方でできるかぎりでは、価値すなわちどの商品もの価値の本性を分析したから、われわれは、特殊な労働の価値に注意を転ぜねばならぬ。そして、ここでも私は、外見上の逆説によって諸君を驚かさねばならぬ。諸君はすべて、諸君が毎日売るものは諸君の労働だということ、したがって労働は価格をもつということ、および、商品の価格とはその価値の貨幣的表現に他ならぬから、労働の価値というようなものが確かに存在するに違いないということ、を確信されている。しかし、普通にいう意味での労働の価値というようなものは存在しないのである。一商品に結晶した必要労働の分量がその商品の価値を形成するということは、すでに述べた。いま、この価値概念を適用するばあい、如何にしてわれわれは、たとえば十時間労働日の価値を決定することができようか？　どれだけの労働がこの労働日に含まれているだろうか？　十時間分の労働である。十時間労働日の価値が十時間分の労働、すなわち、その労働日に含まれている労働の分量に等しいと主張することは、同義反復的な、それどころか無意義ないい表わしであろう。もちろん、「労働の価値」という表現の、真の、だが隠れた意味をひとたび発見したならば、われわれは、価値のかかる不合理な、そして一見不可能な適用を説明しうるのであって、それはあたかも、ひとたび天体の現実の運行を確かめたならば、われわれは、天体の外見的または単に現象的な運行を説明しうるのと同じことである。

労働者が売るのは、彼の労働そのものではなくて、彼の労働力であり、この労働力の一時的な自由処分を彼が資本家に譲渡するのである。そうだからこそ、――イギリス法ではどうか知らぬが、たしかに或る大陸法によっては、――ひとがその労働力を売ることのできる最長時間が規定されているのである。もしいくらでも任意の期間にわたって労働力を売ることが許されたならば、奴隷状態がただちに復活するであろう。かかる売却は、もしそれがたとえば生涯にわたって契約されたならば、その人をただちに、その雇主の生涯の奴隷たらしめるであろう。

イギリスの最も古い経済学者で最も独創的な哲学者の一人であるトマス・ホッブスは、すでにその著『海魔《リヴァイアサン》』でこの点に本能的にふれているのだが、それは彼のすべての後継者によって見のがされた。彼はいう、――「ある人の価値または値打ちは、すべての他の物のばあいと同じように、彼の価格、すなわち、彼の力の使用に対して与えられるであろうだけのものである」と。

この基礎から出発すれば、われわれは、他のすべての商品の価値と同じように、労働の価値を決定しうるであろう。

だがそうする前に、つぎのようなことが問題とされうる。われわれが市場において、〔一方では〕土地・機械・原料および生活手段――それらは、自然のままの土地を除けば、すべて労働の生産物である――を所有する一組の買手を見出し、他方では、自分の労働力すなわち労働する腕と頭のほかには売るべき何ものをもたない一組の売手を見出すということ、この奇妙な現象はどうして生ずるか？　一方の組は、利潤をあげて自らを富ませるためにたえず買っているのに、他方の組は自分の生計を稼ぐためにたえず売っているということは、どうして生ずるか？　と。この問題の研究は、経済学者たちは「先行的または本源的蓄積」と名づけているが本源的収奪と名づけられるべきものの研究であろう。われわれは、このいわゆる本源的蓄積なるものが、労働人と彼の労働用具とのあいだに存在する本源的結合の分解を生ずる一連の歴史的過程を意味するにすぎぬことを発見するであろう。だが、こうした研究は、私の当面の対象の範囲外のものである。労働人と労働用具とのあいだの分離がひとたび確立されたならば、この状態は、生産様式における新たな根本的な変革がそれをふたたび転覆して本源的結合を新たな歴史的形態において再建するまでは、それ自身を維持し、たえず増大する規模においてそれ自身を再生産するであろう。

では、労働力の価値とは何であるか？

他の各商品の価値と同じように、労働力の価値は、その生産に必要な労働の分量によって決定される。人間の労働力は、人間の生きた個体のうちにのみ存する。人間が成長し、その生命を維持するためには、一定量の必需品を消費しなければならぬ。ところが人間は、機械と同じように消耗してしまい、他の人間によって置き換えられねばならない。人間は、自分自身の維持に要する必需品の分量のほかに、さらに、労働市場で自分にとって代って労働者種族を永続させるべき一定数の子供を育てあげるための必需品の分量を必要とする。その他、人間の労働力を発達させ一定の熟練を獲得するためには、さらに或る分量の価値が費やされねばならぬ。われわれの目的のためには、些細な教育および啓発費しか要しない平均労働だけを考察すれば十分である。だが、この機会をとらえて述べておかねばならぬのは、相異なる質の労働力を生産する費用は相異なるから、相異なる事業で使用される労働力の価値も相異なるに違いない、ということである。だから、賃銀の平等を要求する叫びは謬見に基づいているのであって、決してみたされえない気ちがいじみた願望である。それは、前提を認めて結論を避けようとする、かの誤った浅薄な急進主義の結果である。賃銀制度の基礎のうえでは、労働力の価値は、他の各商品の価値と同じように決定される。そして、相異なる種類の労働力は相異なる価値を有するのだから、すなわちそれらの生産のために相異なる分量の労働を必要とするのだから、それらの労働力は、労働市場で相異なる価格を付せられるに違いない。賃銀制度の基礎のうえで平等な報酬または公正な報酬をさえ要求することは、奴隷制度の基礎のうえで自由を要求するのと同じことである。諸君が何を正当または公正と考えるかは、問題にならない。問題なのは、一定の生産制度のもとでは何が必然であり不可避であるか？　ということである。

以上述べたところによって労働力の価値は、労働力を生産し、啓発し、維持し、永続させるに要する必需品の価値によって決定される、ということがわかるであろう。

八　剰余価値の生産

いま、一人の労働者の日々の必需品の平均量が、その生産のために六時間分の平均労働を要すると仮定しよう。さらに、六時間分の平均労働は、三シリングに等しい或る分量の金に実現されてもいると仮定しよう。この場合には三シリングは、その労働者の労働力の日々の価値の貨幣表現または価格であろう。もし彼が日々六時間はたらくならば、彼は日々、自分の日々の必需品の平均量を買うに十分な、または自分自身を労働者として維持するに十分な、価値を生産するであろう。

ところが、わが労働者は賃労働者である。だから彼はその労働力を資本家に売らねばならぬ。彼がそれを一日三シリングで、または一週間十八シリングで売るならば、彼はそれを価値どおりに売るのである。彼は紡績工だと仮定しよう。彼が一日に六時間はたらくならば、彼は一日に三シリングの価値を棉花に付加するであろう。彼が一日に付加するこの価値は、彼が一日に受けとる自分の労働力の価格または賃銀の正確な等価であろう。だがその場合には、何らの剰余価値も剰余生産物も、資本家の手にはいらないであろう。そこでわれわれは難点にぶつかる。

資本家は、労働者の労働力を買ってその価値を支払うことによって、どの他の購買者とも同じように、その買った商品を消費または使用する権利を得たのである。機械は運転されることによって消費または使用されるのと同じように、労働者の労働力は彼が働かされることによって消費または使用される。だから資本家は、労働者の労働力の一日分または一週間分の価値を支払う*ことによって、その労働力を一日中または一週間中にわたって使用または働かせる権利を得たのである。労働日または労働週〔一日の労働時間または一週間の労働

〔時間〕にはもちろん限界があるが、このことには後にもっと詳しく立ち入るであろう。

＊　英語版はいずれも「買う」(buy)となっており、ドイツ訳もこれに従っているが、これは明らかに「支払う」(pay)の誤りである。次頁二行参照。(ディーツ版では訂正されている)——訳者。

さしあたり、諸君の注意を決定的な一点に向けていただきたい。

労働力の価値は、それを維持または再生産するに必要な労働の分量によって決定されるのであるが、しかしその労働力の使用は、労働者の活動力と体力によって制限されるだけである。労働力の一日分または一週間分の価値は、この力の一日分または一週間分の行使とは全く別ものであって、それはあたかも、一匹の馬が要する糧食とその馬が騎馬者を乗せうる時間とが全く別ものなのと同じである。労働者の労働力の価値を限定する労働量は、けっして、彼の労働力が成就しうる労働量の限界とはならない。わが紡績工を例にしよう。すでに述べたように、彼は、その労働力を日々再生産するために日々三シリングの価値を再生産せねばならぬのであって、彼は日々六時間ずつ働くことによってそうするであろう。だが、このことは、彼が一日に十時間も十二時間も、もっと多くでも働くことを不可能にするものではない。ところが資本家は、紡績工の労働力の一日分または一週間分の価値を支払うことによって、その労働力をまる一日または一週間にわたって使用する権利を得たのである。だから彼は、紡績工をたとえば一日に十二時間はたらかせるであろう。だから紡績工は、彼の賃銀、すなわち彼の労働力の価値を塡補するに必要な六時間をこえてさらに六時間はたらかねばならぬのであって、これを私は剰余労働時間と名づけるのであるが、この剰余労働は剰余価値および剰余生産物において自らを実現するであろう。もしわが紡績工が、たとえば彼の一日六時間の労働によって棉花に三シリングの価値を、すなわち、ちょうど彼の賃銀の等価をなす価値を付加したとすれば、彼は十二時間では、棉花に六シリングの価値を付加し、それに比例する剰余の糸を生産するであろう。彼はすでにその労働力を資本家に売っているのだから、彼が生産した生産物の全価値は、彼の労働力の一時的所有者である資本家のものとなる。だから資本家は、三シリングを投下することによって六シリングの価値を実現するであろう。けだし彼は、六時間の労働が結晶した価値を投下することによって、その代りに、十二時間の労働が結晶した価値を受取るだろうからである。この同じ過程を日々くり返することによって、資本家は、日々三シリングを投下して日々六シリングを回収するであろう。そしてその半分はふたたび賃銀を支払うために出てゆくであろうが、残り半分は、資本家によって何らの対価も支払われない剰余価値を形成するであろう。資本と労働との間のこの種の交換こそは、資本制的生産または賃銀制度の基礎であり、そしてそれは、労働者としての労働者および資本家としての資本家の再生産をひきつづき生ぜざるをえないものである。

剰余価値の率は、他のすべての事情が同じままならば、労働日のうち、労働力の価値を生産するに必要な部分と、資本家のために遂行される剰余時間または剰余労働とのあいだの、比率に依存するであろう。だからそれは、労働者がそれだけ働いたのでは彼の労働力の価値を再生産する――または彼の賃銀を塡補する――にすぎないような、そういした程度以上に労働日が延長される比率に依存するであろう。

九　労働の価値

われわれは今や、「労働の価値または価格」という表現にたち帰らねばならぬ。

すでに述べたように、これは実は、労働力の維持に必要な諸商品の価値によって測定された労働力の価値に他ならない。だが労働者は、自分の労働が遂行された後にその賃銀を受取るのであり、しかも彼は、自分が現実に資本家に与えるのは自分の労働だということを知っているので、彼の労働力の価値または価格は、必然的に、彼にとっては、彼の労働そのものの価格または価値のように見える。彼の労働力の価格が、六時間分の労働の実現されたものである三シリングならば、そして彼が十二時間はたらくならば、この十二時間分の労働は六シリングの価値において自らを実現するとはいえ、彼は必然的に、この三シリングを十二時間分の労働の価値または価格だと考える。このことから二重の結果が生ずる。

第一。労働力の価値または価格は、労働そのものの価格または価値たる外観をおびる、——厳密にいえば、労働の価値または価格というのは無意味な言葉なのだが。

第二。労働者の一日の労働の一部分だけが支払われて他の部分は不払であるのに、また、その不払＝または剰余労働こそまさに剰余価値または利潤の構成元本であるのに、あたかも総労働が支払労働であるかに見える。

この間違った外観は、賃労働を、他の歴史的な労働形態から区別づける。賃銀制度の基礎のうえでは、不払労働でさえ支払労働のように見える。これに反して奴隷の場合には、彼の労働のうち支払われた部分でさえ不払のように見える。もちろん、働くためには奴隷も生きておらねばならぬ。だから彼の労働日の一部分は、彼自身の生活手段の価値の塡補にあてられる。しかし、彼とその主人との間には何らの取引も行われず、したがって両者間には何らの売買行為も行われないので、彼の全労働が只でくれてしまわれるかに見えるのである。

ところで、つい昨日までヨーロッパの東部に存在していたともいえる、あの隷農をとって見よう。この農民は、たとえば三日間は、彼自身の耕地または彼に割り当てられた耕地で自分自身のために働き、そのつぎの三日間は、その主人の領地で強制的かつ無償の労働をした。だからこの場合には、労働のうち支払われた部分と不払の部分とが一目瞭然と分かたれている、――すなわち時間的および場所的に分かたれている。そこでわが自由主義者たちは、只で人を働かせるという不条理な考えにたいする道徳的憤怒で胸いっぱいとなったのである。

だが、ある人が、一週間のうち三日間を自分の耕地で自分自身のために働き三日間を主人の領地で只で働くのも、工場または仕事場で一日に六時間を自分自身のため六時間を雇主のために働くのも、実は同じことなのであるが、ただ後の場合には、労働のうち支払われた部分と不払の部分とが相互に不可分に混合されており、そして全取引の本性が契約の介在により、また週末に受取られる支払によって全く隠蔽されているのである。無償労働が、一方の場合には自発的に与えられるように見え、他方の場合には強制的なように見える。異なるのはそれだけである。

私が「労働の価値」という言葉を用いるのは、「労働力の価値」をあらわす通俗語としてに他ならない。

十　利潤は商品を価値どおりに売ることによって得られる

一時間分の平均労働が六ペンス〔二分の一シリング〕に等しい価値に実現されるものと

仮定しよう。あるいは、十二時間分の平均労働が六シリングに実現されるものと仮定しよう。さらに、〔一日分の〕労働の価値は三シリング、または、六時間分の労働の生産物だと仮定しよう。つぎに、ある商品に費やされた原料・機械などに二十四時間分の平均労働が実現されているとすれば、その価値は十二シリングとなるであろう。なおまた、資本家によって使用される労働者が、これらの生産手段に十二時間分の労働を付加するとすれば、この十二時間は、六シリングの追加価値に実現されるであろう。だからその生産物の総価値は、三十六時間分の実現された労働となり、十八シリングに等しいであろう。ところが労働の価値、または労働者に支払われた賃銀は三シリングにすぎぬはずだから、労働者によってなされて商品の価値に実現されている六時間分の剰余労働にたいしては、資本家により何らの対価も支払われなかったはずである。だから、この商品をその価値どおり十八シリングに売ることによって、資本家は、彼が何らの対価も支払わなかった三シリングの価値を実現するであろう。この三シリングは、彼によって収得される剰余価値または利潤をなすであろう。したがって資本家は、彼の商品をその価値以上の価格で売ることによってではなく、それをその現実の価値で売ることによって、三シリングの利潤を実現するであろう。

一商品の価値は、その商品に含まれている総労働量によって決定される。ところが、その労働量の一部分は、賃銀の形態で対価を支払われた価値に実現されている。またその一部分は、何らの対価も支払われなかった価値に実現されている。商品に含まれている労働の一部分は支払労働であり、一部分は不払労働である。だから、商品をその価値で、すなわちそれに用いられた総労働量の結晶として売ることにより、資本家は必然的に、利潤を得てその商品を売るはずである。彼は、対価を要したものを売るばかりでなく、彼が何らの対価も要しなかった――彼の労働者の労働を要したのではあるが――ものをも売る。資本家にとっての商品の生産費と、その現実の生産費とは、別ものである。だから、くり返していうが、正常的かつ平均的な利潤は、諸商品をその現実の価値以上にではなく、その現実の価値で売ることによって得られるのである。

十一　剰余価値が分裂する種々の部分

剰余価値、すなわち、商品の総価値のうち労働者の剰余労働または不払労働が実現されている部分を、私は利潤と名づける。この利潤の全部が企業資本家によって収得されるわけではない。土地の独占は、その土地が農業用建物または鉄道に使用されようと、その他の何らかの生産的目的に使用されようと、地主をして、地代の名のもとに、この剰余価値の一部分を取得することを得せしめる。他方において、労働用具の所有が企業資本家をして、剰余価値を生産すること——あるいは、同じことだが一定量の不払労働を取得すること——を得せしめるという事実そのものは、労働手段を所有していてその全部または一部を企業資本家に貸付ける者をして、——一言でいえば金貸資本家をして、利子の名のもとに、かの剰余価値のもう一つの部分を請求することを得せしめるのであり、したがって企業資本家そのものに残るのは、いわゆる産業利潤または商業利潤だけである。

これらの三つの範疇《はんちゅう》の人々の間の剰余価値の総額の分配がどんな法則によって規制されるかは、われわれの主題にとってはまったく縁どおい問題である。だがつぎのことだけは、前述したところから出てくる。

地代、利子、および産業利潤は、商品の剰余価値の、または商品に含まれている不払労働の、種々の部分に対する種々の名称に他ならぬのであり、そしてそれらは、等しくこの源泉から、しかもこの源泉だけから生ずるのである。それらは、土地そのものまたは資本そのものから生ずるのではないが、土地および資本がそれらの所有者をして、企業資本家が労働者から搾り取った剰余価値のうちから、それぞれの分前を取得することを得せしめるのである。労働者自身にとっては、彼の剰余労働または不払労働の結果であるこの剰余価値が、すっかり企業資本家によって収得されようと、企業資本家がその一部分を地代および利子の名のもとで第三者に支払うことを余儀なくされようと、大して重要なことではない。企業資本家が自分自身の資本だけを使用し、また自分自身の地主だと仮定すれば、剰余価値の全部が彼のポケットに収まるであろう。

企業資本家が剰余価値のどれだけの部分を窮極において自分の手にとどめうるかはと

にかく、その剰余価値を直接に労働者から搾り取るのは企業資本家である。だから、企業資本家と賃労働者との間のこの関係こそは、賃銀制度の全体および現存生産制度の全体の軸点である。だから、われわれの討論に参加された諸君の若干が、事態を軽視して、企業資本家と労働者との間のこの根本的な関係を第二義的な問題として取り扱おうとされたのは誤りであった。といっても、それらの諸君が、与えられた事情のもとでは、物価の騰貴は企業資本家、地主、貨幣資本家、および――諸君が欲せられるなら――租税徴収者にたいし、きわめて不均等な影響を及ぼすことがあると語られたのは正しかったのだが。

以上述べたことから、もう一つの結論が生ずる。

商品の価値のうち、原料や機械の価値、一言でいえば消費された生産手段の価値を代表するにすぎない部分は、けっして何らかの所得にもならないで、ただ資本を塡補《てんぽ》するにすぎない。だが、そのことは別としても、商品の価値のうち、所得を形成する――あるいは賃銀・利潤・地代・利子の形態で消費されうる他の部分が、賃銀の価値、地代の価値、利潤の価値、などによって構成されるというのは間違いである。われわれは、さしあたり賃銀を見すてて、ただ産業利潤、利子、および地代だけを取り扱おう。いま述べたように、商品に含まれている剰余価値、または、商品の価値のうち不払労働が実現されている部分は、三つの異なった名称を有する異なった部分に分解する。だが、商品の価値がこれら三つの構成部分からなる独立の諸価値の合計によって構成または形成されているというのは、事実の正反対であろう。

一時間分の労働は六ペンス〔二分の一シリング〕の価値に実現され、労働者の一労働日は十二時間を含み、この時間の半分は不払労働であるとすれば、この剰余労働は商品に三シリングの剰余価値――すなわち何らの対価も支払われなかった価値――を付加するであろう。この三シリングの剰余価値は、企業資本家が、どんな割合かはとにかく、地主および金貸しと分配しうる総元本をなしている。すなわちこの三シリングの価値は、彼らがお互いに分配すべき価値の限界をなすのである。だが、企業資本家は商品の価値にたいし自分の利潤として任意の価値を付加し、そのうえに地主はさらに価値を付加するというふうにして、結局、これらの任意に確定された価値の合計が総価値を構成するというわけではない。だからおわかりのように、一定の価値を三つの部分に分解することを、三つの独立の価値の合計によってその価値を組成することと混同し、かようにして、地代・利潤・および利子が引出されるべき総価値を任意の大いさのものにするような、そうした通俗的な見解は誤りなのである。

一資本家によって実現された総利潤が百ポンドに等しいならば、われわれは、絶対的な大いさとして考察されたこの額を利潤額と名づける。だが、この百ポンドと投下された資本との比率を計算する場合には、われわれは、この相対的な大いさを利潤率と名づける。この利潤率は明らかに二つの仕方でいい表わされうる。

百ポンドが賃銀に投下された資本だと仮定しよう。生みだされた剰余価値も百ポンドだとすれば、——それによって労働者の労働日の半分が不払労働から成立つことがわかる、——そしてこの利潤を、賃銀に投下された資本の価値によって測る場合には、われわれは、利潤率は一〇〇%だというであろう。けだし、投下された価値は百であり、実現された価値は二百だからである。

他面、賃銀に投下された資本ばかりでなく、投下された総資本、たとえば五百ポンド——そのうち四百ポンドは原料・機械・などの価値を表わす——を考察する場合には、われわれは、利潤率はただの二〇%だというであろう。けだし、百ポンドの利潤は、投下された総資本の五分の一にすぎぬからである。

利潤率の一方のいい表わし方は、支払労働と不払労働との現実の比率を、労働の *exploitation*〔搾取〕(このフランス語を使うことを許されたい)の現実の度合を、諸君にしめす唯一のものである。他方のいい表わし方は、普通に使われているものであり、また実際、ある種の目的のためには適当なものである。ともあれ、それは、資本家が労働者から無償労働を搾りとる度合をかくすためには極めて有用である。*

* 『資本論』ではマルクスは、利潤率と剰余価値率との概念規定の区別をしている。彼は、不払労働と支払労働との比率を剰余価値率としていい表わし、他方、利潤率という言葉を、利潤と総投下資本との比率にかぎって用いた。この講演では、彼はおそらく、理解を容易にするために、この二つの概念規定の区別を度外視したのであろう。――インスティテュート版注。

私はなお話を続けねばならぬのであるが、そこでは私は、利潤という言葉を、剰余価値が種々の人々の間に分配されることにはまったくお構いなしに、資本家によって搾《しぼ》りとられる剰余価値の総量を表わすために用いよう。そして利潤率という言葉を使用する場合には、私はつねに、賃銀に投下された資本の価値によって利潤を測ることにしよう。

十二　利潤・賃銀および物価の一般的関係

一商品の価値から、その商品に費やされた原料その他の生産手段の価値を塡補《てんぽ》する価値を引きされば、すなわち、その商品に含まれている過去の労働を代表する価値を引きされば、その商品の価値の残りは、最後に使用された労働者によって付加された労働量に解消するであろう。その労働者が一日に十二時間はたらくとすれば、そして十二時間分の平均労働が六シリングに等しい金の分量に結晶するとすれば、六シリングというこの追加価値は、彼の労働が生みだした唯一の価値である。彼の労働時間によって決定されるこの与えられた価値は、彼と資本家との双方がそれぞれの分前または配当を引出すべき唯一の元本であり、賃銀と利潤とに分配されるべき唯一の価値である。この価値そのものは、明らかに、それが二人の間に分配される比率が変動しても変化しないであろう。そして一人の労働者の代りに全労働人口をもってきても、たとえば一労働日の代りに千二百万労働日をもってきても、この訳合は変らないであろう。

資本家と労働者とは、この限られた価値、すなわち、労働者の総労働によって測定される価値を分配する他はないのだから、一方が多く得れば他方は僅かしか得ないし、一方が僅かしか得なければ他方は多く得るであろう。分量が与えられている場合にはいつでも、その一部分の減少に逆比例して他の部分は増加するであろう。賃銀が変動すれば、利潤は反対の方向に変動するであろう。賃銀が下落すれば利潤は増大するであろう。また、賃銀が騰貴すれば利潤は減少するであろう。もし労働者が、われわれの前の仮定にもとづいて、彼の生みだした価値の半分に等しい三シリングを得るとすれば、あるいは、彼の全労働日が半分は支払労働、半分は不払労働から成りたつとすれば、資本家も三シリングを得るわけだから、利潤率は一〇〇%であろう。労働者が二シリングしか受け取らぬとすれば、あるいは、全労働日の三分の一しか自分のために働かぬとすれば、資本家は四シリングを得るであろう。そして利潤率は二〇〇%であろう。労働者が四シリング受け取るとすれば、資本家は二シリングしか受け取らぬであろう。そして利潤率は五〇%*に低落するであろう。しかし、これら一切の変動は商品の価値には影響しないであろう。だから、賃銀の一般的騰貴は、一般的利潤率の低落を生ずるであろうが、価値には影響しないであろう。しかし、諸商品の価値――それは窮極においては諸商品の市場価格を規制するはずである――は、それらに固定された労働の総量によってのみ決定されるのであって、支払労働と不払労働とへのその分量の配分によって決定されるのではないとはいえ、だからといって、たとえば十二時間に生産された一個の商品または数個の商品の価値はいつも不変であろうということには決してならない。一定時間の労働、あるいは一定分量の労働によって生産される諸商品の数または量は、使用される労働の生産力に依存するのであって、その労働の延長または長さに依存するのではない。たとえば、紡績労働のある程度の生産力を以てすれば十二時間からなる一労働日に十二ポンドの糸が生産され、より低い程度の生産力をもってすれば二ポンドしか生産されぬかもしれない。だから、十二時間分の平均労働が六シリングの価値に実現されるとすれば、第一の場合には十二ポンドの糸が六シリングに値するであろうし、第二の場合には二ポンドの糸がやはり六シリングに値するであろう。だから一ポンドの糸は、第一の場合には六ペンスに値し、第二の場合には三シリングに値するであろう。価格の相違は、使用される労働の生産諸力における相違から生ずるであろう。より大きい生産力をもってすれば、一時間分の労働が一ポンドの糸に実現されるであろうし、より小さい生産力をもってすれば、六時間分の労働が一ポンドの糸に実現されるであろう。第一の場合には賃銀は比較的に高くて利潤率は低いのだが、一ポンドの糸の価格はわずか六ペンスであろう。第二の場合には賃銀は低くて利潤率は高いのだが、一ポンドの糸の価値は三シリングであろう。そうしたことになるのは、一ポンドの糸の価値はその糸に費やされた労働の総量によって規制され、支払労働と不払労働とへのその総量の比率的配分によっては規制されないからである。高く支払われた労働が安い商品を生産し、低く支払われた労働が高い商品を生産しうるという私が前に述べた事実は、こうしたわけで、その逆説的な外観を失う。あの事実は、一商品の価値はその商品に費やされた労働の分量によって規制されるという、および、その商品に費やされる労働の分量は使用される労働の生産諸力にまったく依存し、したがってまた、労働の生産性におけるあらゆる変動につれて変動するであろうという、一般的法則の表現に他ならない。

＊　原稿では三三⅓％となっている。――インスティテュート版注。

十三　賃銀を値上げし、またはその値下げを阻止しようとする企ての主要な場合

さてわれわれは、賃銀の値上げを企て、または賃銀の値下げを阻止しようとする主要な場合を慎重に考察しよう。

(一)、すでに述べたように、労働力の価値、または、より通俗な言葉でいえば労働の価値は、生活必需品の価値、または必需品を生産するに要する労働の分量によって決定される。そこで、ある与えられた国で労働者の日々の平均的必需品の価値が三シリングで表現される六時間分の労働を代表するとすれば、労働者は、彼の日々の生活手段にたいする等価を生産するために、日々六時間はたらかねばならぬであろう。総労働日が十二時間であっても、資本家は、労働者に三シリングを支払うことによってその労働の価値を支払うであろう。労働日の半分は不払労働であって、利潤率は一〇〇％になるであろう。ところで今、生産性の減少の結果として、たとえば、同一分量の農産物を生産す

るにより多くの労働が必要とされ、かくして日々の平均的必需品の価格が三シリングから四シリングに騰貴すると仮定しよう。その場合には労働の価値は、三分の一すなわち三三⅓％だけ増加するであろう。労働者のもとの生活水準によれば、彼の日々の生活手段にたいする等価を生産するために、労働日のうち八時間が必要とされるであろう。だから剰余労働は、六時間から四時間に減少し、利潤率は一〇〇％から五〇％に低落するであろう。だが労働者は、賃銀の値上げを要求しても、それはただ、彼の労働の増加した価値を得ようと要求するだけであって、そのことは、他の商品の売手が誰でも、自分の商品の生産費が増加した際その増加した価値を支払ってもらおうとするのと同じである。賃銀が騰貴しないか、または、必需品の価値の増加を償うに足るだけ騰貴しないならば、労働の価格は労働の価値以下に下落するであろう。そして労働者の生活水準は低下するであろう。

だが、反対の方向に変動することもありうる。労働の生産性が増加したおかげで、同一分量の日々の平均的必需品が三シリングから二シリングに下落するかもしれない。すなわち、日々の必需品の価値にたいする等価を生産するために、労働日のうち六時間でなく四時間しか要らなくなるかもしれない。労働者はいまや、二シリングをもって、前に三シリングをもってしたのと同じだけの必需商品を買うことができるであろう。なるほど労働の価値は減少したが、しかしその減少した価値が、前と同じ分量の諸商品を支配するであろう。そこで利潤は、三シリングから四シリングに増加し、利潤率は一〇〇％から二〇〇％に高まるであろう。労働者の絶対的な生活水準はやはり元のままであろうが、彼の相対的賃銀、したがってまた、資本家の社会的地位と比較しての彼の相対的な社会的地位は低下したであろう。労働者が相対的賃銀の引下げに抗争するとしても、彼はただ、自分自身の労働の生産諸力の増加における分け前をえて従来の相対的な社会的地位を維持しようとするにすぎない。たとえばイギリスの工場主は、穀物法の廃止後、穀物法反対運動中に与えたきわめて厳粛な誓約を非道にも破って、一般的に賃銀を一〇％値下げした。労働者の抗争は最初には破れたが、しかし、いま詳説できない諸事情の結果として、この失われた一〇％はのちに取り戻された。

(二)、必需品の価値、したがってまた労働の価値は元のままであるが、貨幣の価値における先行的変動の結果として必需品の貨幣価格に変動が生ずる場合。

より豊饒な鉱山などの発見によって、たとえば二オンスの金を生産するために、以前に一オンスを生産するに要したのと同じ労働しか要らなくなるかもしれない。その場合には金の価値は、二分の一すなわち五〇％だけ減少するであろう。その場合には、他のすべての商品の価値がその従来の貨幣価値の二倍で表現されるのと同じく、労働の価値もそうされるであろう。以前には六シリングで表現された十二時間分の労働が、いまや十二シリングで表現されるであろう。労働者の賃銀が六シリングに騰貴しないで三シリングにとどまるとすれば、彼の労働の貨幣価格は彼の労働の価値の半分に等しいだけとなり、彼の生活水準はおそろしく低下するであろう。彼の賃銀が騰貴しても、金の価値の減少に比例して騰貴しないならば、多かれ少なかれこうしたことが起るであろう。かかる場合には、労働の生産諸力にも、需要供給にも、〔諸商品の〕価値にも、何らの変化も起らなかったであろう。これらの価値の貨幣名以外には何らの変動も起らなかったはずである。かかる場合には労働者は賃銀の比例的な値上げを要求すべきではないと主張するのは、労働者は実物でではなく名目で支払われることに満足せねばならぬと主張することである。過去の全歴史が証明するように、貨幣のかかる価値減少が起る場合にはいつでも、資本家たちは、抜目なくこの機会を利用して労働者を欺くのである。多数の経済学者たちの証言によれば、金産地の新たな発見や、銀山の作業の改善や、水銀の安い供給の結果として、貴金属の価値がふたたび減少した。このことは、賃銀の値上げを目的とする大陸における一般的かつ同時的なもろもろの企てを説明するであろう。

(三)、われわれは今まで、労働日の限界は与えられているものと仮定してきた。だが、労働日それ自身は不変の限界をもっているわけではない。資本の不変的傾向は、肉体的に可能な最大の長さまで労働日を延長することにある。というわけは、それと同じ程度において、剰余労働が、したがってそこから生ずる利潤が、増加するだろうからである。資本が労働日を延長することに成功すればするほど、資本はますます多量の他人の労働を占取するであろう。十七世紀を通じて、また十八世紀の初めの三分の二においても、十時間労働日が全イギリスにおける標準労働日であった。反ジャコバン戦争*——これは実は、イギリスの労働者大衆にたいしてイギリスの貴族から仕かけられた戦いであった——のあいだ、資本は飲めや歌えの底ぬけ騒ぎをした。そして労働日を十時間から十二時間、十四時間、十八時間に延長した。マルサスは、涙もろいセンチメンタリストでは夢さらないが、一八一五年頃に公けにされたパンフレットで、こんなことが続けば国民生活は根本的に脅かされるに違いないと宣言した。新たに発明された機械が一般に採用される数年前の一七六五年頃に『産業にかんする一論』** と題するパンフレットがイギリスで出た。労働者階級の不倶戴天《ふぐたいてん》の敵たるこの匿名の著者は、労働日の限界を拡張する必要を堂々と述べている。この目的のための手段として、彼はなかんずく救貧授産場を提案しているが、これは、彼の言によれば「恐怖の家」たるべきものである。では、この「恐怖の家」について彼が指定した労働日の長さはどうか？　十二時間、――すなわち、一八三二年に資本家や経済学者や大臣たちが十二歳未満の子供にとっての現行労働時間であるばかりでなく必要労働時間だと宣言した時間と、ちょうど同じ時間である。

＊　フランス大革命時代における革命的フランスに対する、イギリスを先頭とするヨーロッパ列強の同盟戦争のこと。――インスティテュート版注。

＊＊　原文にはただ“An Essay on Trade”とあるが、これはおそらく『資本論』第一巻第八章、注三五、一二一、などに引用されている“An Essay on Trade and Commerce”（一七七〇年）のことであろう。――訳者。

労働者は自分の労働力を売ることによって――現在の制度のもとではそうせざるを得ないのだが――この力の消費を資本家にゆずり渡す、といってもそれは、一定の合理的な限界内においてである。彼がその労働力を売るのは、その自然的消耗は別としてそれを維持するためであって、それを破壊するためではない。彼の労働力がその一日の価値または一週間の価値で売られる場合には、一日間または一週間に、その労働力をして二日間または二週間分の衰弱または消耗をきたさせてはならないということは、もちろんである。一千ポンドに値する機械をとって見よう。それが十年間に使いはたされるとすれば、それは、それを援用して生産された諸商品の価値に年々百ポンドを付加するであろう。それが五年間に使いはたされるとすれば、それは年々二百ポンドを付加するであろう。その年々の消耗の価値は、それが消費される速度に反比例している。ところがこの点では、労働者は機械と異なる。機械は、それが使用されるのと正確に同じ比率では消耗しない。これに反して人間は、仕事の単なる数字的加算によって観取されるよりも大きな比率で衰亡する。

労働者たちは、労働日をかつての合理的な長さに短縮しようとする企てにおいては、また、彼等が標準労働日の法律的確定を強要しえない場合、賃銀の値上げ――すなわち、搾《しぼ》り取《と》られる剰余時間に比例するだけでなく、より大きな比率での値上げ――によって過重労働を阻止しようとする企てにおいては、彼ら自身および彼らの種族に対する義務を果たすにすぎない。彼らは資本の暴虐な横奪を制止するにすぎない。時間あってこそ人間は発達するのである。勝手にできる自由な時間のない人間、睡眠・食事・などによる単なる生理的な中断は別として全生涯を資本家のための労働によって奪われる人間は、牛馬よりも憐れなものである。彼は、からだを毀《こわ》され、心をけだもの化された、他人の富を生産するための単なる機械である。しかも、近代的産業の全歴史の示すところでは、資本は、もし阻止されなければ、全労働者階級をこの極度な頽廃状態に陥れるために遮《しゃ》二無二《にむに》の働きをするであろう。

労働時間を延長する場合には、資本家は、たとえより高い賃銀を支払っても、もしその賃銀の値上げが、搾り取られる労働量の増加およびかくして生ずる労働力のより速かな衰亡に照応しない場合には、労働の価値を低下させることになる。こうしたことは他の方法ででも行われうる。たとえば、諸君の中産階級統計家たちは、諸君に語って、ランカシャーの職工家族の平均賃銀は騰貴したというであろう。彼らは、家長たる男の労働の代りに、いまや彼の妻およびおそらく三、四人の子供が資本のジャガノート*の車の下に投げ入れられているということ、および、総賃銀の騰貴は家族から搾り取られる総剰余労働に照応しないということ、――こうしたことを忘れているのである。

＊　インドのクリシュナ神殿のビシュヌ神像、――むかし、この神像を巨車にのせて毎年この神の祭日に曳きまわるのを常としたが、信者はこの車にひき殺されれば極楽に行けるとの迷信で、きそうてその車輪の下に身を投じたという。――訳者。

今日、工場条例が適用されるすべての工業部門では労働日の限界が定められているが、そうした限界のある場合でさえ、労働の価値のもとの標準を維持するためだけにも、賃銀の値上げが必要となるかもしれない。労働の強度を増加することによって、以前に二時間に支出したのと同じ生命力を一時間に支出させられる、ということがありうる。こうしたことは、工場条例が適用される事業では、機械の速度の増大や、一人が受持たされる作業機の数の増加によって、すでに或る程度まで実行されている。労働の強度または一時間に費やされる労働量の増加が、労働日の長さの短縮とほぼ釣合を保つならば、労働者はなお得をするであろう。この限界をこえれば、彼は一方で得たものを他方で失う。そしてその場合には、十時間労働が以前の十二時間労働と同じように有害となるであろう。労働の強度増大に照応する賃銀値上げを要求する闘争により、資本の右の傾向を阻止する場合には、労働者は、彼の労働の価値低下および彼の種族の頽廃と抗争するにすぎない。

(四)、諸君のすべてが御存知のように、ここでは説明する必要のないもろもろの理由によって、資本制的生産はある種の周期的循環を通して運動するものである。それは、平静・好転・繁栄・行きすぎ・恐慌・および停滞の状態を通して運動する。諸商品の市場価格および市場的利潤率は、これらの段階につれて、あるときは平均以下に低落し、あるときは平均以上に高騰する。全循環を観察してみれば、諸君は、市場価格のある偏差は他の偏差によって相殺されるということ、および、循環の平均をとってみれば、諸商品の市場価格はそれらの価値によって規制されるということを、発見されるであろう。さて、市場価格の下落の段階、および恐慌と停滞との段階では、労働者は、すっかり失業しないまでも、きっとその賃銀を引下げられるであろう。だまされないためには、彼は、市場価格のかかる下落に際しても、どんな割合で賃銀の下落が必然的となったかについて、資本家と争わねばならない。もし彼が、特別利潤のあげられる繁栄の段階において賃銀の値上げのために戦っていなかったならば、彼は、一つの産業循環を平均してみれば、彼の平均賃銀、または彼の労働の価値を受取ることさえもないであろう。彼の賃銀は必然的に不景気の段階によって影響されるのに、彼は好景気の段階にその補償を求めてはならぬなどと要求するのは、愚の骨頂である。一般に、すべての商品の価値は、需要供給のたえざる動揺から生ずる市場価格のたえざる変動の相殺によってのみ実現される。現在の制度の基礎のうえでは、労働は他の商品と同じ一商品に他ならない。だからそれは、その価値に一致する平均価格を得るために、同じような動揺を通過せねばならない。労働を一方では商品として取扱いながら、他方では、諸商品の価格を規制する法則から労働を除外せよと要求するのは、背理であろう。奴隷は、ある永続的かつ固定的な分量の生活手段を受け取るが、賃労働者はそうではない。彼は、他方の場合における賃銀の下落を補償するためだけにでも、一方の場合に賃銀を値上げさせるようにせねばならぬ。もし彼が、資本家の意志・命令を永久的な経済法則として受け取って満足するならば、彼は、奴隷の安全さを得ることなしに、奴隷の全窮乏を共にすることとなるであろう。

(五)、私の考察したすべての場合においては、——そして百の場合のうち九十九まではそれなのであるが、——諸君の御理解になったように、賃銀値上げのための闘争は、先行の諸変動につづいてのみ生ずるのであって、生産額・労働の生産諸力・労働の価値・貨幣の価値・搾り取られる労働の長さまたは強度・需要供給の動揺に依存し産業循環の種々の段階に照応する市場価格の動揺・の先行の諸変動の必然的結果であり、一言でいえば、資本の先行の行動にたいする労働の反動である。もし諸君が、賃銀値上げのための闘争をこれらすべての事情から引き離して取り扱うならば、賃銀の変動だけを見てそれを生ぜしめる他の諸変動を見のがすならば、諸君は誤った前提から出発して誤った結論に到達することになるのである。

十四　資本と労働との闘争とその結果

（一）、賃銀の値下げに対する労働者側の周期的な抗争、および、賃銀を値上げさせようとする彼等の周期的な企ては、賃銀制度と不可分なものであって、それらは、労働が諸商品と同一扱いされ従ってまた物価の一般的運動を規制する法則に支配されるという事実そのものによって惹起《じゃっき》されるということ、さらに、賃銀の一般的騰貴は一般的利潤率の低落を生ぜしめるが諸商品の平均価格またはそれらの価値には影響しないということ、――こうしたことはすでに明らかにしたので、いまや最後におこる問題は、資本と労働とのこの絶えざる闘争において、どの程度まで後者が成功するだろうかということである。

私は全般的に答えて、つぎのようにいうことができよう、――他のすべての商品についてと同じく、労働についてみても、その市場価格は、長期間にはその価値に適応するであろう、したがって、あらゆる騰落にもかかわらず、また労働者が何をしようと、彼は平均的には、彼の労働の価値――これは彼の労働力の価値に帰着し、この労働力の価値はその維持および再生産に要する必需品の価値によって決定され、この必需品の価値は結局、それを生産するに要する労働の分量によって規制される――だけを受け取るであろう、と。

だが、労働力の価値または労働の価値は、ある種の特徴によって他のすべての商品の価値と区別される。労働力の価値は二つの要素によって形成される、――その一方は単に生理的なものであり、他方は歴史的または社会的なものである。その窮極の限界は生理的要素によって決定される。詳しくいえば、労働者階級は、それ自身を維持し再生産するためには、その肉体的存在を永続させるためには、生活および繁殖のために絶対に必要かくべからざる必需品を受け取らねばならぬ。だから、これらの必要かくべからざる必需品の価値は、労働の価値の窮極の限界をなす。他面、労働日の長さもまた、大いに弾力性があるとはいえ、窮極的限界によって制限されている。労働日の窮極の限界は、労働者の体力によって与えられている。彼の生命力の日々の消耗が一定の程度をこえれば、その生命力は、毎日くり返しては行使されえない。とはいえ、右に述べたように、この限界には大いに弾力性がある。不健康で短命な世代の迅速な継起によっても、一連の健康で長命な世代によってと同じように、労働市場はちゃんと供給されるであろう。

この単に生理的な要素のほかに、労働の価値はどの国でも、伝統的な生活水準によって決定される。それは、単なる生理的生活ではなく、人々がそこで住み育てられる社会的諸条件から生ずる一定の欲望の充足である。イングランド人の生活水準も、アイルランド人の生活水準まで引下げれば下げられるし、ドイツの農民の生活水準も、リヴォニアの農民のそれまで引下げれば下げられる。歴史的伝統および社会的慣習がこの点で演ずる重大な役割については、諸君は、ソーントン氏の「過剰人口」にかんする著述から学びうるのであって、この書で彼が明らかにするところによれば、イギリスの種々の農業地方における平均賃銀は、それらの地方が農奴制の状態から脱したときの事情のよしあしに応じて、今日もなお多少の相違があるそうである。

労働の価値に入りこむこの歴史的または社会的要素は、膨脹することも収縮することもありうるのであり、また、生理的限界以外には何も残らぬほどすっかり消滅することもありうる。反ジャコバン戦争——これは、あの始末におえない苛斂誅求《かれんちゅうきゅう》屋で禄盗人《ろくぬすびと》の老ジョージ・ローズがよくいったところでは、われわれの神聖な宗教の慰安をフランスの異端者の侵害から救うために起された――の時代には、われわれが前節で手やわらかに取り扱った正直なイギリスの借地農業者たちは、農業労働者の賃銀を単なる生理的最小限以下にさえ引き下げて、その種族の肉体的永続に必要な残りは救貧法によって補った。これは、賃労働者を奴隷に転化して、シェークスピアの描いた自負心ある自由農民を窮民に転化するための、光栄ある方法であった。

種々の国における標準賃銀または労働の価値を比較することにより、また、同じ国の種々の歴史的時代におけるそれらを比較することによって、諸君は、他のすべての商品の価値は依然として不変だと仮定しても、労働の価値そのものは、固定的な大いさのものではなく可変な大いさのものであることを発見されるであろう。

同じような比較は、利潤の市場率が変動するばかりでなくその平均率も変動することを明らかにするであろう。

だが利潤については、その最小限を決定する法則は存在しない。その低落の窮極の限界がどこであるかは、明言できない。では、なぜわれわれはその限界を確定することができないか？　けだしわれわれは、賃銀の最小限は確定しうるが、その最大限は確定しえないからである。われわれの明言しうるところは、ただ、労働日の限界が与えられている場合には、利潤の最大限は賃銀の生理的最小限に照応するということ、および、賃銀が与えられている場合には、利潤の最大限は労働者の体力と両立しうるような労働日の延長に照応するということ、これだけである。だから利潤の最大限は、賃銀の生理的最小限および労働日の生理的最大限によって局限されている。明らかに、この最高利潤率の二つの限界のあいだには厖大な差等《さとう》が存在しうる。その現実の程度の確定は、資本と労働とのあいだの絶えざる闘争によってのみ定まるのであって、資本家はつねに賃銀をその生理的最小限に引き下げて労働日をその生理的最大限に拡大しようとしており、他方、労働者はつねにその反対の方向に圧迫しているわけである。

事態は、闘争者たちのそれぞれの力の問題に帰着する。

(二)、他のどの国でもそうだがイギリスにおける労働日の制限についていえば、それは法律的干渉によらないでは決して確定されなかった。外部からの労働者のたえざる圧迫なしには、この干渉は決して行われなかったであろう。だがとにかく、この結果は、労働者と資本家とのあいだの私的な取り極めでは得られるはずがなかった。一般的な政治的行動のこうした必要そのものは、単なる経済的行動では資本の方が強いということを証明するものである。

労働の価値の限界についていえば、その現実の決定はつねに需要供給に依存するのであって、ここに需要供給というのは、資本の側での労働の需要と、労働者によっての労働の供給とのことである。植民地諸国では需要供給の法則は労働者に有利である。* だから、合衆国では比較的に賃銀水準が高い。資本は、かの国でもできるだけのことはやるのだが、賃労働者がたえず独立自営の農民に転化するために労働市場がたえず空《から》にされることを、阻止することはできない。賃労働者という地位は、アメリカ人の大部分にとっては、彼らがおそかれ早かれ必ず脱却する試練状態にすぎぬのである。植民地のこうした状態を救済するために、母国イギリスの政府は暫くのあいだ、いわゆる近代的植民論――というのは、賃労働者があまり早く独立の農民に転化することを防ぐために、植民地の物価を人為的に引き上げること――に賛同した。

* マルクスはここでは、たくさんの無主地のあった植民地諸国のことをいっている。だから労

働者たちはたえず農業に殺到して独立の農業家となった。北米合衆国およびオーストラリヤはこうした植民地国である。――インスティテュート版注。

ところでわれわれは今や、資本が全生産過程を支配している旧来の文明諸国に移ろう。たとえば、一八四九―一八五九年のイギリスにおける農業賃銀の騰貴をとって見よう。その結果はどうであったか？　借地農業者たちは、わが友ウェストンなら忠告したであろうように、小麦の価値を増加させることも、その市場価格を騰貴させることさえも、できなかった。それどころか彼らは、その下落を甘受せねばならなかった。だが彼らは、十一年間にあらゆる種類の機械を導入し、より科学的な方法を採用し、耕地の一部を牧場に転化し、農場の大きさ従ってまた生産の規模を増大し、これら、およびその他の方法で労働の生産力を増すことにより労働にたいする需要を減少し、もって、農業人口をふたたび相対的に過剰ならしめた。これこそは、古い開けた諸国で賃銀の騰貴に対する資本の反動が早かれおそかれ行われる一般的な方法である。リカードが正しく注意しているように、機械はたえず労働と競争しているのであって、往々にしては労働の価格が一定の高度に達した場合にかぎって採用されうるのであるが、しかし機械の応用は、労働の生産諸力を増加させるための多くの方法の一つに他ならない。

普通の労働を相対的に過剰ならしめるこの同じ発展そのものは、他方では、熟練労働を簡単化し、かくしてそれの価値を減少させる。

同じ法則は他の形態ででも行われる。労働の生産諸力の発達につれて、賃銀は比較的に高率であっても、資本の蓄積は促進されるであろう。だから、近代的産業がまだ幼稚だった時代のアダム・スミスが推論したように、資本蓄積の促進は、労働者の労働にたいする需要の増加を確保することによって、さしひき労働者の利益となるに違いない、と推論する人があるかもしれない。これと同じ見地から、当代の多くの著述家たちは、イギリスの資本は過去二十年間にイギリスの人口よりも遥かに急速に増大したのに賃銀がちっとも騰貴しなかったことを不思議としてきたのである。

だが、蓄積の進展と同時に、資本の構成における累進的変動が生ずる。総資本のうち、固定資本――機械・原料・ありとあらゆる形態の生産手段――を構成する部分は、賃銀または労働の購買に支出される他の資本部分にくらべて累進的に増加する。この法則はすでに、バートン、リカード、シスモンディの諸氏、リチャード・ジョーンズ教授、ラムジー教授、シェルビュリエ、その他の人々によって、多かれ少なかれ正確に述べられている。

資本のこれら二つの要素の比率が最初に一対一だったとすれば、それは産業の進展につれて、五対一、等々となるであろう。総資本六百のうち三百が諸用具・原料などに支出され、三百が賃銀に支出されるとすれば、三百人の代りに六百人の労働者にたいする需要を生みだすためには、総資本は二倍に増加されれば十分である。だが、六百の資本のうち五百が機械、材料などに支出され、百だけが賃銀に支出されるとすれば、三百人でなく六百人の労働者にたいする需要を生みだすためには、同じ資本は六百から三千六百に増加されねばならない。だから、産業の進展に際しては、労働にたいする需要は、資本の蓄積と歩調を一にするものではない。それは増加しはするが、資本の増加にくらべれば絶えず逓減する比率で増加するであろう。

これらの僅かの示唆でも十分わかるであろうように、近代的産業の発展そのものはますます、労働者に不利で資本家に有利な状態を生ぜしめるに相違なく、したがってまた、資本制的生産の一般的傾向は、賃銀の平均水準を高めないで低めること、換言すれば、労働の価値を多かれ少なかれその最小限に圧下することにあるのである。この制度における事態の傾向はこうだとしても、なお、労働者階級は資本の侵略にたいする彼らの抗争を断念し、そのときどきの機会を彼らの状態の一時的改善のために利用しようとする企てを放棄すべきだ、ということになろうか？ 彼らがそんなことをすれば、彼らはいずれも、救済のしようもない敗残者の群に堕落するであろう。標準賃銀獲得のための彼らの闘争は、賃銀制度全体と不可分な事象だということ、賃銀を値上げさせようとする彼らの努力は、百のうち九十九までは、与えられた労働の価値を維持しようとする努力に他ならぬということ、および、労働の価格について資本家と争う必要は、自分を商品として売らねばならぬという彼らの状態に内在するものだということ、――こうしたことはすでに明らかにしたつもりである。もし彼らが、資本との日常闘争において卑怯にも退却するならば、彼らは必ずや、何らかのより大きな運動を起すための彼ら自身の能力を失うであろう。

それと同時に、また賃銀制度に含まれている一般的隷属状態をまったく度外視して、労働者階級がこれらの日常闘争の窮極の効果を誇張して考えることがあってはならぬ。

彼らの忘れてならぬことは、彼らが〔日常闘争において〕闘っているのは結果とであってこの結果の原因とではないということ、彼らは下向運動を阻止しているのであってその方向を変えているのではないということ、彼らは緩和剤を用いているのであって病気を治療しているのではないということ、これである。だから彼らは、資本の絶間ない侵略や市場の変動からたえず生ずるこれらの不可避的なゲリラ戦に没頭してしまってはならない。彼らが理解せねばならぬのは、現在の制度は、彼らに窮乏をおしつけるにもかかわらず、それと同時に、社会の経済的改造に必要な物質的諸条件および社会的諸形態をも生ぜしめるということである。彼らは、「公正な一日の労働にたいする公正な一日の賃銀！」という保守的な標語の代りに「賃銀制度の廃止！」という革命的なスローガンを彼らの旗に書きしるさねばならぬ。

私が主要問題について語るべきことを語るために余儀なく立ち入ったこの説明は非常に長く、おそらく退屈だったことと思うが、私は、つぎの決議案を提出することによって終りたいと思う。

第一。賃銀率の一般的騰貴は、一般的利潤率の低落を生ずるであろうが、大体においいて、諸商品の価格には影響しないであろう。

第二。資本制的生産の一般的傾向は、賃銀の平均標準を高めないで低めることにある。

第三。労働組合は、資本の侵略にたいする抗争の中心としては、りっぱに作用する。それは、その力の使用が宜《よろ》しきをえなければ、部分的に失敗する。それは、現行制度の結果にたいするゲリラ戦に専念して、それと同時に現行制度を変化させようとしないならば、その組織された力を労働者階級の窮極的解放すなわち賃銀制度の窮極的廃止のための槓杆《てこ》として使用しないならば、一般的に失敗する。

付録　国際労働者協会の決議

――マルクスによって起草され、
一八六六年のゲンフにおける第一回大会で採択されたもの――

労働組合、その過去・現在および将来

a　その過去

資本は集積された社会的力であるが、労働者は自分の労働力を自由にしうるにすぎない。だから資本と労働との間の契約は、けっして、公正な諸条件にもとづくことはできない、――ここに公正というのは、けっして、物質的な生産＝および労働手段の所有権を一方の側におき、生きた労働力を他方の側におくような社会の意味でではない。労働者たちの唯一の社会的力は、彼らの数である。だが数の力は、不統一によって破れる。

労働者たちの不統一は、彼らの不可避的な相互的競争によって生みだされ、かつ永続化される。

労働組合は、もともと、労働者たちを少なくとも全くの奴隷の状態以上に引上げるような契約条件を獲得するために、この競争をなくしようとする・または少なくとも緩和しようとする・労働者たちの自然発生的な企図から生じた。だから、労働組合の直接の目的は、日常の諸要求に、資本の間断ない侵略にたいする防衛の手段に、一言でいえば賃銀=および労働時間問題に、局限された。労働組合のこうした活動は、正当であるばかりでなく必要である。現在の生産制度が存続するかぎりは、それを放棄することはできない。それどころか、すべての国々における労働組合の設立および統一によって、それを普遍化させねばならぬ。他方、労働組合は――あたかも中世の都市行政および自治体がブルジョア階級にとっての組織の中心だったように――みずから意識することなしに労働者階級の組織の中心となった。労働組合は、資本と労働との間のゲリラ戦のために必要だとすれば、賃銀制度および資本支配一般の廃止のための組織された動力(organised agencies)としてさらに一そう重要である。

b　その現在

労働組合は、資本に対する局部的および直接的な闘争に専念するのあまり、賃銀制度そのものに対するその行動能力をまだ十分には把握していない。だから労働組合は、一般的な社会的および政治的運動を余りにも控えすぎている。にもかかわらず、最近の労働組合においては、その偉大な歴史的使命にかんする一定の感情が目ざめたように見えるのであって、それはたとえば、イギリスにおける最近の政治運動への労働組合の参加から、合衆国における労働組合の諸機能にかんする理解の増進から、また、シェフィールドにおける最近の労働組合代表者大会が採択したつぎのような決議から、観取されうるところである。曰く、「本会議は、万国の労働者を一個の相互的兄弟関係に結合しようとする国際労働者協会の諸努力を完全に是認し、またそれ故に、この団体に加盟することを、ここに代表者を出している種々の組合にたいし真剣に勧告する。けだしこのことこそは、全労働者層の進歩および幸福のために重要だと信ずるからである」と。

c　その将来

労働組合は、その最初の諸目的は別として、いまや、労働者階級の中心組織たることを意識して、労働者階級の完全解放という大利益において行動することを学ばねばならぬ。労働組合は、この目的を達成しようとする一切の社会的および政治的運動を支持せねばならぬ。労働組合が、みずからを全労働者階級の前衛および代表者とみなし、またかかるものとして行動するときは、その隊列への非組合員の結成を実現することに成功するに違いない。労働組合は、異常な諸事情によって力を奪われた待遇のわるい職業、たとえば農業労働者の利害を、細心に留意せねばならぬ。労働組合は、その諸努力が、狭量かつ利己的なものでは決してなく、踏みにじられた万人の解放を目的とするものであることを、全世界に納得させねばならぬ。

人名の説明

アヴェリング(Eduard Avering, 一八五一―一九八年)、イギリスの社会主義者で医師。『資本論』第一巻の翻訳分担者。

アーカート(D. Urquhart, 一八〇五―七七年)、イギリスの外交官で著述家。イギリス政府の親露的東方政策の反対者。

アグリッパ(Menenius Agrippa)、紀元前五世紀のローマの執政官。

エリーナー(Eleanor Marx-Avering, 一八五六―一九八年)、マルクスの末娘。アヴェリング夫人。

オーウェン(Robert Owen, 一七七一―一八五八年)、イギリスの社会主義者。最初は工場主であって、非現実的な共産主義理論に到達した。暴力に反対。全生涯をその理論に献げた。

シェークスピア(W. Shakespeare, 一五六四―一六一六年)、イギリスの詩人。世界文学上で最も偉大な劇作家の一人。

シェルビュリエ(A. E. Cherbulier, 一七九七—一八六九年)、スイスの政治家で経済学者。シスモンディの追随者。

シスモンディ(J. Ch. S. de Sismondi, 一七七三—一八四二年)、スイスの経済学者。「資本主義の根本矛盾に気づいた」(マルクス)が、「小ブルジョアの見地からの感情的批判に」(レーニン)とどまった。

シーニョア(William Nassau Senior, 一七九〇—一八六四年)、イギリスの経済学者。「既成ブルジョアジーの代弁者」(マルクス)。

ジョーンズ(Richard Johnes, 一七九〇—一八五五年)、イギリスの経済学者で、資本主義の崩壊の必然性を認識した。

スミス(Adam Smith, 一七二三—九〇年)、イギリスの経済学者。古典派学者中の最も偉大な一人。

ソーントン(W. Th. Thornton, 一八一三—八〇年)、イギリスの経済学者。

トゥック(Th. Tooke, 一七七四—一八五八年)、「いくらか価値ある最後のイギリス経済学者」(マルクス)。

ニューマン(Francis Newman, 一八〇五―九七年)、イギリスの僧侶、古代語の教授。

バートン(John Barton)、十八世紀のイギリスの経済学者。

フランクリン(Benjamin Franklin, 一七〇六―九〇年)、北アメリカの政治家で経済学者。アメリカ独立戦争で大きな役割を演じた。

ホッブス(Thomas Hobbes, 一五八八―一六七九年)、イギリスの哲学者、唯物論者。

マルサス(Th. R. Malthus, 一七六六―一八三四年)、イギリスの僧侶で経済学者。資本主義下の窮乏を必然だと説明し、労働者には産児制限を勧める。

ミル(John Stuart Mill, 一八〇六―七三年)、イギリスの哲学者で経済学者。折衷論者。古典派経済学の亜流。

モートン(G. Ch. Morton, 一八二一―八八年)、イギリスの土壌学者。

ユーア(Andrew Ure, 一七七八―一八五七年)、イギリスの化学者で経済学者。資本および大工業の弁護者。

ラサール(Ferdinand Lassalle, 一八二五―六四年)、ドイツの社会主義者。

ラムジー(G. Ramsay, 一八〇〇―七一年)、イギリスの哲学者で経済学者。資本主義の歴史的・一時的性格をほぼ認識した。

リカード(D. Ricardo, 一七七二―一八二八年)、イギリスの経済学者。古典派経済学の最後の偉大な代表者。

ローズ(George Rose, 一七四四―一八一八年)。

ロベスピエール(Maximilian Robespierre, 一七五八―九四年)、フランス大革命における急進派たるジャコバン党の指導者。

賃銀《ちんぎん》・価格《かかく》および利潤《りじゅん》　カール・マルクス著

1935 年 5 月 30 日　第 1 刷発行
1981 年 8 月 17 日　第 45 刷改版発行
2007 年 4 月 5 日　第 70 刷改版発行
2009 年 5 月 7 日　第 73 刷発行

訳　者　長谷部文雄《はせべふみお》

発行者　山口昭男

発行所　株式会社 岩波書店
〒101-8002 東京都千代田区一ツ橋 2-5-5

案内 03-5210-4000　販売部 03-5210-4111
文庫編集部 03-5210-4051
http://www.iwanami.co.jp/

印刷・製本　法令印刷　カバー・精興社

ISBN4-00-341248-6　　Printed in Japan

読書子に寄す

——岩波文庫発刊に際して——

岩波茂雄

真理は万人によって求められることを自ら欲し、芸術は万人によって愛されることを自ら望む。かつては民を愚昧ならしめるために学芸が最も狭き堂宇に閉鎖されたことがあった。今や知識と美とを特権階級の独占より奪い返すことはつねに進取的なる民衆の切実なる要求である。岩波文庫はこの要求に応じそれに励まされて生まれた。それは生命ある不朽の書を少数者の書斎と研究室とより解放して街頭にくまなく立たしめ民衆に伍せしめるであろう。近時大量生産予約出版の流行を見る。その広告宣伝の狂態はしばらくおくも、後代にのこすと誇称する全集がその編集に万全の用意をなしたるか。千古の典籍の翻訳企図に敬虔の態度を欠かざりしか。さらに分売を許さず読者を繋縛して数十冊を強うるがごとき、はたしてその揚言する学芸解放のゆえんなりや。吾人は天下の名士の声に和してこれを推挙するに躊躇するものである。このときにあたって、岩波書店は自己の責務のいよいよ重大なるを思い、従来の方針の徹底を期するため、すでに十数年以前より志して来た計画を慎重審議この際断然実行することにした。吾人は範をかのレクラム文庫にとり、古今東西にわたって文芸・哲学・社会科学・自然科学等種類のいかんを問わず、いやしくも万人の必読すべき真に古典的価値ある書をきわめて簡易なる形式において逐次刊行し、あらゆる人間に須要なる生活向上の資料、生活批判の原理を提供せんと欲する。この文庫は予約出版の方法を排したるがゆえに、読者は自己の欲する時に自己の欲する書物を各個に自由に選択することができる。携帯に便にして価格の低きを最主とするがゆえに、外観を顧みざるも内容に至っては厳選最も力を尽くし、従来の岩波出版物の特色をますます発揮せしめようとする。この計画たるや世間の一時の投機的なるものと異なり、永遠の事業として吾人は微力を傾倒し、あらゆる犠牲を忍んで今後永久に継続発展せしめ、もって文庫の使命を遺憾なく果たさしめることを期する。芸術を愛し知識を求むる士の自ら進んでこの挙に参加し、希望と忠言とを寄せられることは吾人の熱望するところである。その性質上経済的には最も困難多きこの事業にあえて当たらんとする吾人の志を諒として、その達成のため世の読書子とのうるわしき共同を期待する。

昭和二年七月

《法律・政治》

- 人権宣言集 — 高木八尺・末延三次・宮沢俊義 編
- 新版 世界憲法集 — 高橋和之 編
- 君主論 — マキアヴェッリ 河島英昭 訳
- リヴァイアサン 全四冊 — ホッブズ 水田洋 訳
- 哲学者と法学徒との対話 —イングランドのコモン・ローをめぐる — ホッブズ 田中浩・重森臣広・新井明 訳
- 法の精神 全三冊 — モンテスキュー 野田良之・稲本洋之助・上原行雄・田中治男・三辺博之・横田地弘 訳
- ペルシア人の手紙 全二冊 — モンテスキュー 大岩誠 訳
- 人間知性論 全四冊 — ジョン・ロック 大槻春彦 訳
- 教育に関する考察 — ロック 服部知文 訳
- 市民政府論 — ロック 鵜飼信成 訳
- フランス二月革命の日々 —トクヴィル回想録 — トクヴィル 喜安朗 訳
- アメリカのデモクラシー 全四冊 — トクヴィル 松本礼二 訳
- 犯罪と刑罰 — ベッカリーア 風早八十二・五十嵐二葉 訳
- 権利のための闘争 — イェーリング 村上淳一 訳
- 法における常識 — P・G・ヴィノグラドフ 末延三次・伊藤正己 訳
- 近代国家における自由 — H・J・ラスキ 飯坂良明 訳
- 近代民主政治 全四冊 — ブライス 松山武 訳
- ザ・フェデラリスト — A・ハミルトン、J・ジェイ、J・マディソン 斎藤眞・中野勝郎 訳
- フランス革命についての省察 全二冊 — エドマンド・バーク 中野好之 訳

《経済・社会》

- 国富論 全四冊 — アダム・スミス 水田洋 監訳 杉山忠平 訳
- 道徳感情論 全二冊 — アダム・スミス 水田洋 訳
- 法学講義 — アダム・スミス 水田洋 訳
- 人間の権利 — トマス・ペイン 西川正身 訳
- マルサス経済学原理 全二冊 — 小林時三郎 訳
- 経済学および課税の原理 全二冊 — リカードウ 羽鳥卓也・吉澤芳樹 訳
- 戦争論 全三冊 — クラウゼヴィッツ 篠田英雄 訳
- 自由論 — J・S・ミル 塩尻公明・木村健康 訳
- 代議制統治論 — J・S・ミル 水田洋 訳
- 経済学の方法に関する研究 — メンガー 福井孝治・吉田昇三 訳
- ユダヤ人問題によせて・ヘーゲル法哲学批判序説 — マルクス 城塚登 訳
- 経済学・哲学草稿 — マルクス 城塚登・田中吉六 訳
- 新編輯版 ドイツ・イデオロギー — マルクス、エンゲルス 廣松渉 編訳 小林昌人 補訳
- 共産党宣言 — マルクス、エンゲルス 大内兵衛・向坂逸郎 訳
- 賃労働と資本 — マルクス 長谷部文雄 訳
- 賃銀・価格および利潤 — マルクス 長谷部文雄 訳
- マルクス経済学批判 — 武田隆夫・遠藤湘吉・大内力・加藤俊彦 訳
- マルクス資本論 全九冊 — エンゲルス 編 向坂逸郎 訳
- フランスの内乱 — マルクス 木下半治 訳
- 裏切られた革命 — トロツキー 藤井一行 訳
- 文学と革命 全二冊 — トロツキー 桑野隆 訳
- ロシア革命史 全五冊 — トロツキー 藤井一行 訳
- トロツキーわが生涯 全二冊 — 森田成也・志田昇 訳
- 空想より科学へ — エンゲルス 大内兵衛 訳
- フォイエルバッハ論 — エンゲルス 松村一人 訳
- 改訳 婦人論 全二冊 — ベーベル 草間平作 訳
- 帝国主義 — レーニン 宇高基輔 訳
- 暴力論 全二冊 — ソレル 今村仁司・塚原史 訳
- ローザ・ルクセンブルクの手紙 — L・カウツキー 編 川口浩・松井圭子 訳
- ローザ・ルクセンブルク経済学入門 — ローザ・ルクセンブルク 岡崎次郎・時永淑 訳

ローザ・ルクセンブルク 獄中からの手紙	ローザ・ルクセンブルク 秋元寿恵夫訳
産業革命	アシュトン 中川敬一郎訳
雇用、利子および貨幣の一般理論 全二冊	ケインズ 間宮陽介訳
価値と資本 —経済理論の若干の基本原理に関する研究 全二冊	J・R・ヒックス 安井琢磨・熊谷尚夫訳
シュムペーター 経済発展の理論 全二冊	塩野谷祐一・中山伊知郎・東畑精一訳
理論経済学の本質と主要内容 全二冊	シュムペーター 大野忠男・木村健康・安井琢磨訳
日本資本主義分析	山田盛太郎
近代経済学の解明 全二冊	杉本栄一
ユートピアだより	ウィリアム・モリス 松村達雄訳
民衆の芸術	ウィリアム・モリス 中橋一夫訳
世界をゆるがした十日間 全二冊	ジョン・リード 原光雄訳
ロシヤにおける革命思想の発達について	ゲルツェン 金子幸彦訳
古代社会 全二冊	L・H・モルガン 青山道夫訳
社会科学と社会政策にかかわる認識の「客観性」	マックス・ヴェーバー 富永祐治・立野保男訳 折原浩補訳
プロテスタンティズムの倫理と資本主義の精神	マックス・ヴェーバー 大塚久雄訳
職業としての学問	マックス・ウェーバー 尾高邦雄訳
社会学の根本概念	マックス・ヴェーバー 清水幾太郎訳

職業としての政治	マックス・ヴェーバー 脇圭平訳
金枝篇 全五冊	フレイザー 永橋卓介訳
マッカーシズム	ロービア 宮地健次郎訳
世論 全二冊	リップマン 掛川トミ子訳
産業者の教理問答 他一篇	サン゠シモン 森博訳

《自然科学》

改訳 科学と方法	ポアンカレ 吉田洋一訳
科学の価値	ポアンカレ 吉田洋一訳
光学	ニュートン 島尾永康訳
ガリレオ・ガリレイ 新科学対話 全二冊	今野武雄・日田節次訳
種の起原 全二冊	ダーウィン 八杉龍一訳
人及び動物の表情について	ダーウィン 浜中浜太郎訳
自然発生説の検討	パストゥール 山口清三郎訳
ギルバト・ホワイト セルボーン博物誌 全二冊	寿岳文章訳
完訳 ファーブル昆虫記 全十冊	ファーブル 山田吉彦・林達夫訳
大脳半球の働きについて —条件反射学 全二冊	パヴロフ 川村浩訳
微生物の狩人 全二冊	ポール・ド・クライフ 秋元寿恵夫訳

動物哲学	ラマルク 小泉丹・山田吉彦訳
メンデル 雑種植物の研究	岩槻邦男・須原準平訳
アインシュタイン 相対性理論	内山龍雄訳・解説
因果性と相補性 —ニールス・ボーア論文集1	山本義隆編訳
量子力学の誕生 —ニールス・ボーア論文集2	山本義隆編訳
ハッブル 銀河の世界	戎崎俊一訳
パロマーの巨人望遠鏡	D・O・ウッドベリー 関正雄・湯澤博・成相恭二訳
生物から見た世界	ユクスキュル、クリサート 日高敏隆・羽田節子訳
ゲーデル 不完全性定理	林晋・八杉満利子訳
日本の酒	坂口謹一郎

《音楽・美術》

音楽と音楽家　シューマン　吉田秀和訳
モーツァルトの手紙 —その生涯のロマン 全二冊　柴田治三郎編訳
バッハの生涯と芸術　フォルケル　柴田治三郎訳
ドビュッシー音楽論集 —反好事家八分音符氏　平島正郎訳
レオナルド・ダ・ヴィンチの手記 全二冊　杉浦明平訳
ゴッホの手紙 全三冊　硲伊之助訳
ロダンの言葉抄　高村光太郎訳　高田博厚・菊池一雄編
河鍋暁斎戯画集　山口静一・及川茂編
葛飾北斎伝　飯島虚心　鈴木重三校注
近代日本漫画百選　清水勲編
うるしの話　松田権六
河鍋暁斎　ジョサイア・コンドル　山口静一訳
伽藍が白かったとき　ル・コルビュジエ　生田勉・樋口清訳
デューラー ネーデルラント旅日記　前川誠郎訳

《哲学・教育・宗教》

ソクラテスの弁明・クリトン　プラトン　久保勉訳
ゴルギアス　プラトン　加来彰俊訳
饗宴　プラトン　久保勉訳
テアイテトス　プラトン　田中美知太郎訳
パイドロス　プラトン　藤沢令夫訳
メノン　プラトン　藤沢令夫訳
国家 全二冊　プラトン　藤沢令夫訳
プロタゴラス —ソフィストたち　プラトン　藤沢令夫訳
法律 全二冊　プラトン　森進一・池田美恵・加来彰俊訳
パイドン —魂の不死について　プラトン　岩田靖夫訳
アリストテレス ニコマコス倫理学 全二冊　高田三郎訳
アリストテレス 形而上学 全二冊　出隆訳
アリストテレス アテナイ人の国制　村川堅太郎訳
アリストテレス 弁論術　戸塚七郎訳
アリストテレース詩学・ホラーティウス詩論　松本仁助・岡道男訳
アリストテレース 動物誌 全二冊　島崎三郎訳
人生の短さについて 他二篇　セネカ　茂手木元蔵訳
人さまざま　テオプラストス　森進一訳
マルクス・アウレーリウス 自省録　神谷美恵子訳
老年について　キケロー　中務哲郎訳
友情について　キケロー　中務哲郎訳
弁論家について 全二冊　キケロー　大西英文訳
キケロー弁論集　小川正廣・谷栄一郎・山沢孝至訳
キケロー書簡集　高橋宏幸編
方法序説　デカルト　谷川多佳子訳
哲学原理　デカルト　桂寿一訳
情念論　デカルト　谷川多佳子訳
パスカル 科学論文集　松浪信三郎訳
スピノザ 神学・政治論 全二冊　畠中尚志訳
スピノザ エチカ (倫理学) 全二冊　畠中尚志訳
スピノザ往復書簡集　畠中尚志訳
学問の進歩　ベーコン　服部英次郎・多田英次訳
ニュー・アトランティス　ベーコン　川西進訳
ハイラスとフィロナスの三つの対話　バークリ　戸田剛文訳
デイヴィド・ヒューム 人性論 全四冊　大槻春彦訳

- エミール 全三冊　ルソー　今野一雄訳
- ルソー 告白 全三冊　桑原武夫訳
- 孤独な散歩者の夢想　ルソー　今野一雄訳
- 人間不平等起原論　ルソー　本田喜代治・平岡昇訳
- 社会契約論　ルソー　桑原武夫・前川貞次郎訳
- 学問芸術論　ルソー　前川貞次郎訳
- ダランベールの夢 他四篇　ディドロ　新村猛訳
- ディドロ 絵画について　佐々木健一訳
- 道徳形而上学原論　カント　篠田英雄訳
- 啓蒙とは何か 他四篇　カント　篠田英雄訳
- 純粋理性批判 全三冊　カント　篠田英雄訳
- カント 実践理性批判　波多野精一・宮本和吉・篠田英雄訳
- 判断力批判 全二冊　カント　篠田英雄訳
- 永遠平和のために　カント　宇都宮芳明訳
- プロレゴメナ　カント　篠田英雄訳
- シュライエルマッハー 独白　木場深定訳
- ヘーゲル 政治論文集 全二冊　金子武蔵訳

- 哲学史序論 ―哲学と哲学史　ヘーゲル　武市健人訳
- 歴史哲学講義 全二冊　ヘーゲル　長谷川宏訳
- 学問論　シェリング　勝田守一訳
- 自殺について 他四篇　ショウペンハウエル　斎藤信治訳
- 読書について 他二篇　ショウペンハウエル　斎藤忍随訳
- 知性について 他四篇　ショーペンハウエル　細谷貞雄訳
- 不安の概念　キェルケゴール　斎藤信治訳
- 死に至る病　キェルケゴール　斎藤信治訳
- 現代の批判 他一篇　キルケゴール　桝田啓三郎訳
- 西洋哲学史 全二冊　シュヴェーグラー　谷川徹三・松村一人訳
- 眠られぬ夜のために 全二冊　ヒルティ　草間平作・大和邦太郎訳
- 幸福論 全三冊　ヒルティ　草間平作・大和邦太郎訳
- 悲劇の誕生　ニーチェ　秋山英夫訳
- ツァラトゥストラはこう言った 全二冊　ニーチェ　氷上英廣訳
- 道徳の系譜　ニーチェ　木場深定訳
- 善悪の彼岸　ニーチェ　木場深定訳
- この人を見よ　ニーチェ　手塚富雄訳

- プラグマティズム　W・ジェイムズ　桝田啓三郎訳
- 宗教的経験の諸相 全二冊　W・ジェイムズ　桝田啓三郎訳
- 純粋経験の哲学　W・ジェイムズ　伊藤邦武編訳
- デカルト的省察　フッサール　浜渦辰二訳
- 愛の断想・日々の断想　ジンメル　清水幾太郎訳
- 笑い　ベルクソン　林達夫訳
- 思想と動くもの　ベルクソン　河野与一訳
- 道徳と宗教の二源泉　ベルクソン　平山高次訳
- 時間と自由　ベルクソン　中村文郎訳
- 人間認識起源論 全二冊　コンディヤック　古茂田宏訳
- ラッセル 幸福論　安藤貞雄訳
- 存在と時間 全三冊　ハイデガー　桑木務訳
- 哲学の改造　ジョン・デューウィ　清水幾太郎・清水禮子訳
- 学校と社会　デューイ　宮原誠一訳
- 民主主義と教育 全二冊　デューイ　松野安男訳
- 我と汝・対話　マルティン・ブーバー　植田重雄訳
- アラン 幸福論　神谷幹夫訳

アラン定義集　神谷幹夫訳
言語 ―その本質・発達・起源 全二冊　イェスペルセン　三宅鴻訳
文法の原理 全三冊　イェスペルセン　安藤貞雄訳
天才の心理学　E・クレッチュマー　内村祐之訳
日本の弓術　オイゲン・ヘリゲル述　柴田治三郎訳
ギリシア哲学者列伝 全三冊　ディオゲネス・ラエルティオス　加来彰俊訳
饒舌について 他五篇　プルタルコス　柳沼重剛訳
夢の世界　ハヴロック・エリス　藤島昌平訳
善なるもの一なるもの　プロチノス　田中美知太郎訳
シンボル形式の哲学 全四冊　カッシーラー　生松敬三・木田元訳
人間 ―シンボルを操るもの　カッシーラー　宮城音弥訳
太陽の都　カンパネッラ　近藤恒一訳
ギリシア宗教発展の五段階　ギルバァト・マレー　藤田健治訳
ロドリゲス日本語小文典 全二冊　池上岑夫訳
ソクラテス以前以後　F・M・コーンフォード　山田道夫訳
日本語の系統　服部四郎
言語 ―ことばの研究序説　エドワード・サピア　安藤貞雄訳

連続性の哲学　パース　伊藤邦武編訳
論理哲学論考　ウィトゲンシュタイン　野矢茂樹訳
自由と社会的抑圧　シモーヌ・ヴェイユ　冨原眞弓訳
全体性と無限 全二冊　レヴィナス　熊野純彦訳
啓蒙の弁証法 ―哲学的断想　M・ホルクハイマー　T・W・アドルノ　徳永恂訳
フランス革命期の公教育論　コンドルセ他　阪上孝編訳
隠者の夕暮・シュタンツだより　ペスタロッチー　長田新訳
旧約聖書 創世記　関根正雄訳
旧約聖書 出エジプト記　関根正雄訳
旧約聖書 ヨブ記　関根正雄訳
新約聖書 福音書　塚本虎二訳
キリストにならいて　トマス・ア・ケンピス　大沢章・呉茂一訳
聖アウグスティヌス 告白 全二冊　服部英次郎訳
アウグスティヌス 神の国 全五冊　服部英次郎・藤本雄三訳
アウグスティヌス 省察と箴言　ハルナック編　服部英次郎訳
新訳 キリスト者の自由・聖書への序言　マルティン・ルター　石原謙訳
コーラン 全三冊　井筒俊彦訳

エックハルト説教集　田島照久編訳
聖テレジア 完徳の道　カルメル会訳
シレジウス瞑想詩集 全二冊　植田重雄・加藤智見訳
霊操　イグナチオ・デ・ロヨラ　門脇佳吉訳・解説
ある巡礼者の物語 ―イグナチオ・デ・ロヨラ自叙伝　門脇佳吉訳・注解
神を観ることについて 他二篇　クザーヌス　八巻和彦訳

《ドイツ文学》

ニーベルンゲンの歌 全二冊 — 相良守峯訳
ラオコオン —絵画と文学との限界について — レッシング 斎藤栄治訳
ミンナ・フォン・バルンヘルム — レッシング 小宮曠三訳
エミーリア・ガロッティ ミス・サラ・サンプソン — レッシング 田邊玲子訳
若きウェルテルの悩み — ゲーテ 竹山道雄訳
ヴィルヘルム・マイスターの修業時代 全三冊 — ゲーテ 山崎章甫訳
ヴィルヘルム・マイスターの遍歴時代 全三冊 — ゲーテ 山崎章甫訳
イタリア紀行 全三冊 — ゲーテ 相良守峯訳
ファウスト 全二冊 — ゲーテ 相良守峯訳
詩と真実 全四冊 — ゲーテ 山崎章甫訳
色彩論 —色彩学の歴史 — ゲーテ 菊池栄一訳
ゲーテとの対話 全三冊 — エッカーマン 山下肇訳
たくみと恋 — シラー 実吉捷郎訳
改訳 オルレアンの少女 — シルレル 佐藤通次訳
ヒュペーリオン —希臘の世捨人 — ヘルデルリーン 渡辺格司訳
ヘルダーリン詩集 — 川村二郎訳

青い花 — ノヴァーリス 青山隆夫訳
完訳 グリム童話集 全五冊 — 金田鬼一訳
ホフマン短篇集 — 池内紀編訳
水妖記（ウンディーネ） — フーケー 柴田治三郎訳
ミヒャエル・コールハースの運命 —或る古記録より — クライスト 吉田次郎訳
影をなくした男 — シャミッソー 池内紀訳
ドイツ古典哲学の本質 — ハイネ 伊東勉訳
流刑の神々・精霊物語 — ハイネ 小沢俊夫訳
ロマンツェーロー 全二冊 — ハイネ 井汲越次訳
ザッフォオ — グリルパルツェル 実吉捷郎訳
みずうみ 他四篇 — シュトルム 関泰祐訳
地霊・パンドラの箱 —ルル二部作 — F・ヴェデキント 岩淵達治訳
トオマス・マン短篇集 — 実吉捷郎訳
魔の山 全二冊 — トーマス・マン 関泰祐・望月市恵訳
トニオ・クレエゲル — トオマス・マン 実吉捷郎訳
ヴェニスに死す — トオマス・マン 実吉捷郎訳
車輪の下 — ヘルマン・ヘッセ 実吉捷郎訳

デミアン — ヘルマン・ヘッセ 実吉捷郎訳
マリー・アントワネット 全二冊 — シュテファン・ツワイク 高橋禎二・秋山英夫訳
変身・断食芸人 — カフカ 山下肇・山下萬里訳
審判 — カフカ 辻瑆訳
カフカ短篇集 — 池内紀編訳
カフカ寓話集 — 池内紀編訳
三文オペラ — ブレヒト 岩淵達治訳
ガリレイの生涯 — ベルトルト・ブレヒト 岩淵達治訳
肝っ玉おっ母とその子どもたち — ブレヒト 岩淵達治訳
ユダヤ人のブナの木 — ドロステ=ヒュルスホフ 番匠谷英一訳
短篇集 死神とのインタヴュー — ノサック 神品芳夫訳
愛の完成・静かなヴェロニカの誘惑 — ムージル 古井由吉訳
雀横丁年代記 — ラーベ 伊藤武雄訳
ティル・オイレンシュピーゲルの愉快ないたずら — 阿部謹也訳
チャンドス卿の手紙 他十篇 — ホフマンスタール 檜山哲彦訳
インド紀行 全二冊 — ボンゼルス 実吉捷郎訳
ドイツ名詩選 — 生野幸吉・檜山哲彦編

果てしなき逃走　ヨーゼフ・ロート　平田達治訳
暴力批判論 他十篇 —ベンヤミンの仕事1　ベンヤミン　野村修編訳
ボードレール 他五篇 —ベンヤミンの仕事2　ベンヤミン　野村修編訳
メルヒエン集 盗賊の森の一夜　ハウフ　池田香代子訳
罪なき罪 全二冊 —エフィ・ブリースト　フォンターネ　加藤一郎訳
迷路　フォンターネ　伊藤武雄訳
ヴォイツェク・ダントンの死・レンツ　ビューヒナー　岩淵達治訳
聖者　マイエル　伊藤武雄訳

《フランス文学》

トリスタン・イズー物語　ベディエ編　佐藤輝夫訳
日月両世界旅行記　シラノ・ド・ベルジュラック　赤木昭三訳
嘘つき男・舞台は夢　コルネイユ　岩瀬孝・井村順一訳
ラ・ロシュフコー箴言集　二宮フサ訳
ブリタニキュス・ベレニス　ラシーヌ　渡辺守章訳
ドン・ジュアン —石像の宴　モリエール　鈴木力衛訳
孤客（ミザントロオプ）　モリエール　辰野隆訳
いやいやながら医者にされ　モリエール　鈴木力衛訳
守銭奴　モリエール　鈴木力衛訳
完訳ペロー童話集　新倉朗子訳
ラ・フォンテーヌ寓話 全二冊　ラ・フォンテーヌ　今野一雄訳
クレーヴの奥方 他二篇　ラファイエット夫人　生島遼一訳
カンディード 他五篇　ヴォルテール　植田祐次訳
マノン・レスコー　アベ・プレヴォ　河盛好蔵訳
ジル・ブラース物語 全四冊　ル・サージュ　杉捷夫訳
フィガロの結婚　ボオマルシェエ　辰野隆訳
危険な関係 全二冊　ラクロ　伊吹武彦訳
美味礼讃 全二冊　ブリア・サヴァラン　関根秀雄・戸部松実訳
アドルフ　コンスタン　大塚幸男訳
赤と黒 全二冊　スタンダール　桑原武夫・生島遼一訳
パルムの僧院 全二冊　スタンダール　生島遼一訳
カストロの尼 他二篇　スタンダール　桑原武夫訳
アンリ・ブリュラールの生涯 全二冊　スタンダール　桑原武夫・生島遼一訳
知られざる傑作 他五篇　バルザック　水野亮訳
谷間のゆり　バルザック　宮崎嶺雄訳
「絶対」の探求　バルザック　水野亮訳
ゴリオ爺さん 全二冊　バルザック　高山鉄男訳
レ・ミゼラブル 全四冊　ユーゴー　豊島与志雄訳
死刑囚最後の日　ユーゴー　豊島与志雄訳
モンテ・クリスト伯 全七冊　アレクサンドル・デュマ　山内義雄訳
三銃士 全二冊　デュマ　生島遼一訳
カルメン　メリメ　杉捷夫訳
メリメ怪奇小説選　杉捷夫編訳
愛の妖精（プチット・ファデット）　ジョルジュ・サンド　宮崎嶺雄訳
フランス田園伝説集　ジョルジュ・サンド　篠田知和基訳
笛師のむれ 全二冊　ジョルジュ・サンド　宮崎嶺雄訳
ボオドレール 悪の華　鈴木信太郎訳
パリの憂愁　ボードレール　福永武彦訳
ボヴァリー夫人 全二冊　フローベール　伊吹武彦訳
感情教育 全二冊　フローベール　生島遼一訳
聖アントワヌの誘惑　フローベール　渡辺一夫訳
ブヴァールとペキュシェ 全三冊　フローベール　鈴木健郎訳

椿姫　デュマ・フィス　吉村正一郎訳
陽気なタルタラン—タルタラン・ド・タラスコン　ドーデー　小川泰一訳
テレーズ・ラカン 全二冊　エミール・ゾラ　小林正訳
ジェルミナール 全三冊　エミール・ゾラ　安士正夫訳
大地 全三冊　エミール・ゾラ　田辺貞之助・河内清訳
氷島の漁夫　ピエール・ロチ　吉氷清訳
お菊さん　ピエル・ロチ　野上豊一郎訳
ノア・ノア　ポール・ゴーガン　前川堅市訳
脂肪のかたまり　モーパッサン　高山鉄男訳
モーパッサン短篇選　高山鉄男編訳
モントリオル 全二冊　モーパッサン　杉捷夫訳
地獄の季節　ランボオ　小林秀雄訳
にんじん　ルナアル　岸田国士訳
ジャン・クリストフ 全四冊　ロマン・ローラン　豊島与志雄訳
ベートーヴェンの生涯　ロマン・ロラン　片山敏彦訳
狭き門　アンドレ・ジイド　川口篤訳
ジイドソヴェト旅行記　小松清訳
ムッシュー・テスト　ポール・ヴァレリー　清水徹訳
シラノ・ド・ベルジュラック　ロスタン　辰野隆・鈴木信太郎訳
海の沈黙・星への歩み　ヴェルコール　河野与一・加藤周一訳
恐るべき子供たち　コクトー　鈴木力衛訳
地底旅行　ジュール・ヴェルヌ　朝比奈弘治訳
八十日間世界一周　ジュール・ヴェルヌ　鈴木啓二訳
海底二万里 全二冊　ジュール・ヴェルヌ　朝比奈美知子訳
プロヴァンスの少女(ミレイユ)　ミストラル　杉冨士雄訳
結婚十五の歓び　新倉俊一訳
歌物語オーカッサンとニコレット　川本茂雄訳
キャピテン・フラカス 全三冊　ゴーティエ　田辺貞之助訳
モーパン嬢 全二冊　ゴーティエ　井村実名子訳
家なき娘(アン ファミーユ) 全二冊　エクトル・マロ　津田穣訳
パリの夜—革命下の民衆　レチフ・ド・ラ・ブルトンヌ　植田祐次編訳
シェリ　コレット　工藤庸子訳
フランス短篇傑作選　山田稔編訳
シュルレアリスム宣言・溶ける魚　アンドレ・ブルトン　巖谷國士訳
ナジャ　アンドレ・ブルトン　巖谷國士訳
フランス名詩選　安藤元雄・入沢康夫・渋沢孝輔編
狐物語　鈴木覺・福本直之・原野昇訳
繻子の靴 全二冊　ポール・クローデル　渡辺守章訳
幼なごころ　ヴァレリー・ラルボー　岩崎力訳
心変わり　ミシェル・ビュトール　清水徹訳
けものたち・死者の時　ピエール・ガスカール　渡辺一夫・佐藤朔・二宮敬訳

岩波文庫の最新刊

行方昭夫編訳
たいした問題じゃないが
―イギリス・コラム傑作選―

二〇世紀初頭に開花したエッセイ文学。イギリス流のユーモアと皮肉で身近な話題を取り上げ、世界政治を語っても大上段に構えず、人間性の面白さを論じる。
〔赤N二〇一-一〕 定価六三〇円

小田実
大地と星輝く天の子（上）

人は人を裁けるか。古代アテナイを舞台に、ソクラテス裁判と市民の迷走と動揺を描く長篇小説。爽快で猥雑な現代絵巻は、若き小田実の初期代表作。（全二冊）
〔緑一八三-一〕 定価九四五円

フィールディング／朱牟田夏雄訳
ジョウゼフ・アンドルーズ（上）

〈イギリス小説の父〉と呼ばれるフィールディング（一七〇七-一七五四）の代表作。〈物語〉を読むことの原初的な楽しさに満ちた長篇小説。（全二冊）
〔赤二一一-五〕 定価七九八円

ガスケ／與謝野文子訳
セザンヌ

プロヴァンスが生んだ画家セザンヌ。その晩年に親しくつき合った同郷の詩人ガスケ。若き詩人が直に触れた孤高の画家の姿を、詩的な言葉で再現した伝記と対話篇。
〔青五七三-一〕 定価九〇三円

足立大進編
禅林句集

禅語の語彙集である禅林句集は、室町期から次々と編まれ、金句集として、また、禅語の手引きとして読まれてきた。今回約三五〇〇の秀句を選び、字数順に収録。
〔青三四一-一〕 定価九四五円

……今月の重版再開……

小川環樹、都留春雄、入谷仙介選訳
王維詩集
〔赤三-一〕 定価六九三円

浅野建二校注
山家鳥虫歌
―近世諸国民謡集―
〔黄二四二-一〕 定価七九八円

L・H・モーガン／上田篤監修／古代社会研究会訳
アメリカ先住民のすまい
〔白二〇四-三〕 定価一〇五〇円

竹内好編訳
魯迅評論集
〔赤二五-八〕 定価七三五円